Taikenno
Kazewo-okoso

体験の風をおこそう 1

改訂版 体験活動の企画と展開

田中 壮一郎 [編著]

Tanaka Soichiro

悠光堂

改訂にあたって

　子どもたちの体験不足が指摘されはじめたのは、もう何十年も前です。また、体力が低下しはじめて四半世紀がたとうとしています。今や子どもたちの体験不足は幼児期に及んでいると言われています。

　かつて、わが国の地域では、子どもたちが自然と触れ合う機会や仲間と遊ぶ場が豊富にありました。そのような生活の中で、子どもたちは、自然の厳しさ、豊かさを感じながら自然に対する畏敬の念を育んできたと思います。また、地域社会で日常的に行われていた屋外での遊びなどを通して、社会のルールを学ぶとともに、他者を思いやる心や自らを律する心などを育み、大人としての自立を手にしてきたものと思います。

　しかし、今日では学校や地域社会で、教育的な配慮の下に、意図的・計画的に体験活動の機会や場を確保することが不可欠となっています。学校教育法第31条では、「小学校においては…（中略）…教育指導を行うに当たり、児童の体験的な学習活動、特にボランティア活動など社会奉仕体験活動、自然体験活動その他の体験活動の充実に努めるものとする」と規定し、その推進を求めています。

　また、体験活動の教育的意味をめぐっては、平成22年10月に国立青少年教育振興機構が、子どもと大人を対象とした『子どもの体験活動の実態に関する調査研究』、『青少年の体験活動等と自立に関する実態調査』の結果を公表しています。その結果からは、体験活動が人間形成に有意義に作用していることが強く感じられるものとなっています。

一例を挙げれば、子どもの頃の「自然体験」や「友だちとの遊び」「地域活動」等の体験が豊富だった人ほど、「経験したことのないことには何でもチャレンジしてみたい」と回答する率が高いなど、子どもの頃の体験が大人になってからの「やる気」や「生きがい」につながっています。これら調査結果は、本書の中でも引用しておりますので、参考にしていただければと思います。

　なお、本書は平成24年8月に出版しましたが、多くの方々に活用されご好評いただいたことから、このたび新たな数値等を書き加え、改訂版として出版することとなりました。本書が教師はもとより全国各地で青少年指導に当たられている多くの方々の参考として広く活用されることを期待しています。

　最後に、本書の刊行に当たっては、寄稿していただいた明石要一千葉敬愛短期大学長をはじめ、第一線でご活躍されている学識経験者の方々、機構職員として、全国の国立青少年教育施設で指導に当たっている諸君の協力を得ました。また、出版に当たっては、株式会社悠光堂代表取締役の佐藤裕介氏に多大なご協力を得ました。この場をお借りしてお礼申し上げます。

平成27年 2月
田中壮一郎 ｜ 国立青少年教育振興機構理事長

CONTENTS

改訂にあたって | 002
国立青少年教育振興機構理事長
田中壮一郎

1章 体験活動の現状と課題

PART 1 今、なぜ体験活動か | 010
千葉敬愛短期大学学長
明石要一

PART 2 学校教育と体験活動 | 021

[1] 学習指導要領と体験活動 | 021
昭和女子大学教授
押谷由夫

[2] 青少年教育施設と集団宿泊活動 | 026
国立青少年教育振興機構
国立淡路青少年交流の家事業推進係兼企画指導専門職
蓬田高正

PART 3 社会教育と体験活動 | 031

[1] 地域の教育力と体験活動 | 031
文教大学人間科学部教授
金藤ふゆ子

[2] 体験活動の場となる社会教育施設 | 037
青山学院大学教授
鈴木眞理

[3] 体験活動を支援する民間団体　|041
　　　国立阿蘇青少年交流の家所長
　　　久保田康雄

PART 4　家庭教育と体験活動　|046

[1] 家庭教育の重要性　|046
[2] 子どもの成長と体験　|052
[3] 子どもの体力の低下と学級崩壊　|056
[4] 「早寝早起き朝ごはん」国民運動　|058
[5] 読書・手伝い・外遊び　|062
[6] 「体験の風をおこそう」運動　|064
　　　国立青少年教育振興機構理事長
　　　田中壮一郎

2章　体験活動の企画と展開

PART 1　体験活動の企画と留意点　|068

[1] プログラム立案の基本　|068
[2] 目標の共通理解と組織の検討　|072
　　　文教大学人間科学部専任講師
　　　青山鉄兵

PART 2　体験活動の展開と留意点　|077

[1] 事前準備と留意点　|077
[2] 体験活動の効果的な展開と留意点　|080
　　　国立青少年教育振興機構
　　　教育事業部企画課長
　　　松村純子

PART 3 体験活動の安全確保 | 086

[1] 事前打合せと踏査 | 086

[2] 緊急時マニュアルの整備 | 091

国立青少年教育振興機構
オリンピックセンター運営部長
進藤哲也

3章 体験活動の実際

PART 1 自然体験活動と指導法 | 098

[1] 登山活動 | 098

国立青少年教育振興機構
総務企画部総務企画課総務係長
樋口拓

[2] 河川活動 | 105

国立青少年教育振興機構
子どもゆめ基金部国際・企画課長補佐
藤井玄

[3] 海浜活動 | 110

国立青少年教育振興機構
国立室戸青少年自然の家主幹
片山貞実

[4] 野外調理活動 | 115

国立青少年教育振興機構
国立妙高青少年自然の家企画指導専門職
室井修一

[5] 工作活動 | 121

国立青少年教育振興機構
国立妙高青少年自然の家事業推進係主任
友松由実

[6] 雪中活動 | 124

国立青少年教育振興機構
国立花山青少年自然の家事業推進係長
佐藤英樹

[7] **レクリエーション** | 131

国立青少年教育振興機構指導主幹
北見靖直

PART 2 社会体験活動と指導法 | 144

[1] **奉仕体験活動** | 144
[2] **職場体験活動** | 149

国立青少年教育振興機構指導主幹
北見靖直

[巻末参考資料] **青少年の体験活動に関する法令上の規定** | 153

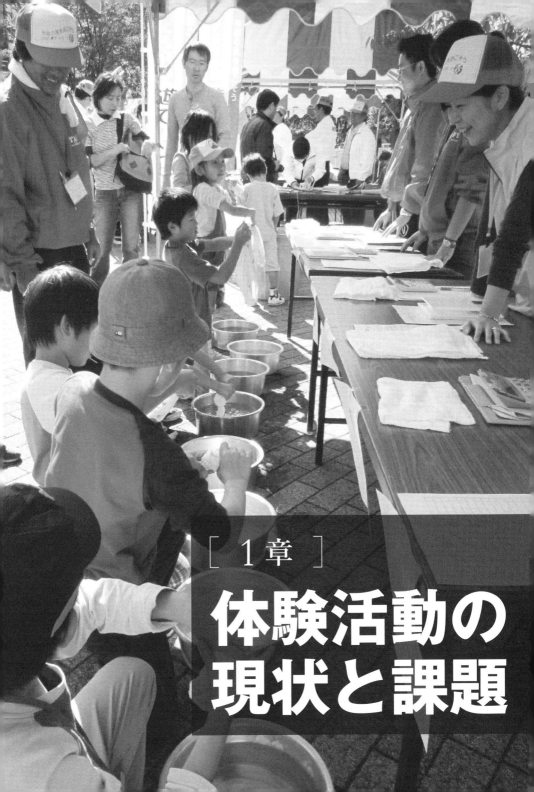

[1章]
体験活動の現状と課題

1章 PART 1 今、なぜ体験活動か

時代は変わった —— いとこ教育の見直し

　——時代は変わった。子どもは時代を映す鏡である——
　それでは、時代の何が変わったのでしょうか。具体的な事例から説明します。

(1)「いとこ教育」の見直し
　親戚の中で身近な人は「いとこ」です。何人いるでしょうか。年齢によってその数は異なりますが、60歳以上の人で平均30人程度、35歳前後で10人ほど、幼児になると2、3人となります。この50年間で「いとこ」が激変します。
　「いとこ」は二つの機能をもっていました。
　一つ目は、最初の良きライバルでした。親戚はお盆、お正月、それから法事などで集まる際、母親たちの子ども自慢が始まります。「うちの子どもは○○高校に合格した」とか「もう就職先は決まった」とかの話が飛び交います。その時、子どもたちは時としてライバル心が芽生えるのです。
　二つ目は、最も頼りになるセーフティネットです。平成23年の3・11のような大災害に遭遇した時に、とりあえず避難するのは「いとこ」などの親戚の家になります。そこで2、3週間世話になり、仮設住宅ができたら移ります。
　この「いとこ」が消えると、子どもが成長する際に欠かせない「ライバル心の育成」と「安心安全の居場所」の確保が難しくなります。代替

措置を考えなければなりません。「いとこ」が果たしていた役割をどこかで果たさなければならなくなります。

(2) 大学全入時代の到来

　大学進学希望者は、大学名と所在地さえ選ばなければ全員大学に進学できる時代が来ました。日本に大学は760校ほどあり、私立大学を含めて定員は60万人ほどです。

　今、4年制大学の進学率は5割を超えました。高校卒業生は110万人を少し割りますから、計算上では大学の定員は埋まります。こうした状況で困る人が3人登場します。それは誰でしょうか。

　1人は予備校です。企業は先を読むから次の手を打っています。ある予備校では大学受験より、中学校受験にシフトを変えました。地域の予備校や塾を傘下に収め、中学校受験にエネルギーを注ぐのです。

　先を読めない人があと2人います。それは親と中学校、高校の教師です。親が子どもたちに「勉強しないと良い高校に入れないよ」と言っても効果が薄い。定員割れを起こしている高校も増えていますから、少しぐらい成績が悪くても入学させてくれます。

　教師たちもかつてのように「内申書」が使えません。多少素行が悪くても高校は入学させます。生徒指導が難しくなっているのです。

　家庭でも学校でも「受験」という印籠が使えなくなっています。そのため、子どもたちは「頑張り」をしなくなり、目標に向かってがむしゃらに努力をすることもなくなりました。楽をして一定のポジションを手に入れる社会の中で育っているため、子どもたちはまさに「貧困な体験」しかしなくなっているのです。

体験活動はどんな効果をもたらすか

　子どもはそれこそ様々な体験をしながら成長していきます。先に指摘した「いとこ」との交流も「受験勉強」も体験の一つです。こうした体験活動を否定する人はいません。それでは、なぜ今「体験」を問題にす

るのでしょうか。それは次の理由からです。
(1) 今、体験格差が生まれている

　今、子どもの世界に体験格差が生まれています。とりわけ、その格差は子どもの放課後に生まれているのです。そして、この体験格差は家庭の経済格差から生じており、さらに経済格差が学力格差を生んでいるのです。

　図式的に示せば、家庭の経済格差→子どもの体験格差→子どもの学力格差という筋道が描けます。親の年収の多少によって子どもの学力に「差」が生まれ始めているのです。例えば、年収800万円以上の家庭の子どもと300万円以下の家庭の子どもを比較すると、学業成績に「差」が見られます。

　放課後の世界はまさに自由競争であり、経済的・文化的に優位な家庭とそうではない家庭とでは子どもの体験が違います。経済的に余裕のある家庭では、「夏は海、冬はスキーに行く」ことができ、日常の生活でも放課後の塾やお稽古、スイミングスクールなどのスポーツクラブに通うことも可能です。

　このように、経済的に余裕のある家庭の子どもたちは様々な体験をしているのです。学力「格差」はこの体験量の「差」から生まれています。体験が豊かな子どもは、物事に対する興味関心が高く好奇心もありますから、教師の発問・指示に意欲的に取り組めます。

　青少年教育は、子どもたちの間に生じた「体験格差を是正する」というミッション（使命）をもたなければなりません。放っておくと、ますますその格差は拡大していきます。全ての子どもたちに「豊かな体験を保証する」というメッセージを送らなければなりません。

(2) 「体験」はどのような効果を生むのか

　これまで教育の世界では、「体験活動には教育効果がある」。だから「体験活動を進めよう」と主張してきました。実際、改訂された学習指導要領の中でも、体験活動の重要さが指摘されています。しかし、残念

ながら体験活動は子どもにどんな影響をもたらすのか、実証されていないのです。経験的に豊かな体験がたくましい子どもを育てるだろう、と思い込んできた節があります。

果たして、それで良いのでしょうか。体験で子どもはどんな力を身に付けられるのか、を明らかにしなければなりません。子どもはどんな「体験の力」をもつようになったのか、を実証するのです。よく言われるようにエビデンス（証拠）が必要になってきます。

(3)どんな「体験」が良いのか

体験活動が子どもに良い影響を与えるなら、その体験の活動内容は、どのようなものであり、それはいつ体験すれば良いのか、を明らかにしなければなりません。

川遊びや山登りのような自然体験が、子どもの自尊感情を高めるという結果になれば、それは、どの時期に体験するのがもっとも効果があるのか、という知見が求められています。

(4)「体験」のカリキュラムを作成する

学校教育には学習指導要領という目安がありますが、体験活動が学習指導要領の中に位置付けられたものの、それを体系付けたものは乏しいと言えます。そこで体験活動のカリキュラムづくりが求められるのです。どんな体験活動をどの段階で体験すると、どのような体験の力が身に付くのか、というガイドラインです。つまり、体験活動を進める時の目安になる体系的なロードマップが必要になってきます。

青少年教育が、「体験格差是正」というミッションに基づき、次にしなければならないのは「体験活動の体系的なカリキュラムづくり」という目標を達成させるビジョンです。そのためには、「どのような体験」が「どのような効果」を生むのかを明らかにし、「いつ体験させる」のかを提示しなければなりません。それらを実証し、実現させる「戦略と戦術」を錬っていくのです。

子どもの頃の体験はどのような効果を生むか

　国立青少年教育振興機構では、子どもの頃の体験がその後の人生にどんな影響を与えるか、という問題設定の調査結果を発表しています。

　2009年の11月に20歳以上の大人約5千人を対象にした全国調査です。この調査では、子どもの頃の体験活動を尋ね、どんな力が身に付いたか、を確かめるよう設計をしています。この調査から、興味深いヒントとなる結果が読みとれました。以下、そのエッセンスを大きく3つにまとめて紹介いたします。

(1) 子どもの頃の体験量が高学歴、高収入を生む

　子どもの頃の体験と「最終学歴」と「現在の年収」の結び付きです。まず学歴との関係で、「大学・大学院卒」の割合を体験量別に見ると、45.4%（体験が少ない）→48.6%（体験が中くらい）→50.4%（体験が多い）と増えています。

　一方、「中学卒・高卒」のほうは、30.8%（体験が少ない）→27.6%（体験が中くらい）→26.1%（体験が多い）と減っています（図1参照）。

　また、体験格差が学歴格差をも生じさせているのです。「現在の年収」でも、学歴と体験との関係と同じことが読みとれます。子どもの頃の体験量が多い人ほど年収が多い。年収「750万円以上」の割合は11.0%（体験が少ない）→12.7%（体験が中くらい）→16.4%（体験が多い）というように、体験量が増えるに従い数値が増えています。

　年収「250万円未満」の者は35.3%（体験が少ない）→32.5%（体験が中くらい）→26.9%（体験が多い）と減っていて、体験量が今の年収に影響を与えています。つまり、子どもの頃の体験格差が年収格差を生じさせているのです（図2参照）。

　ちなみに、ここでの子どもの頃の体験量は、「自然体験」、「動植物とのかかわり」、「友だちとの遊び」、「地域活動」、「家族行事」、「家事手伝い」の6つの領域の30項目を加算して尺度を作っています。

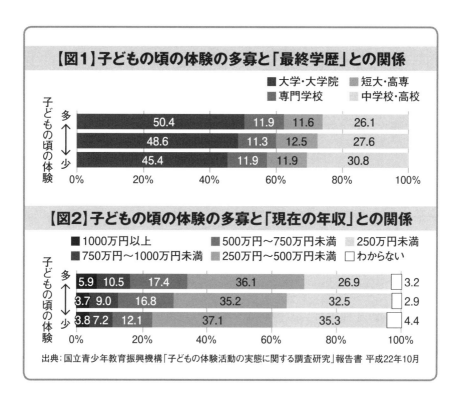

出典:国立青少年教育振興機構「子どもの体験活動の実態に関する調査研究」報告書 平成22年10月

(2)体験活動が「体験力」を育てる

　この調査研究は、体験活動はどのような資質・能力を育てるのか、という問題意識でも調査をしています。ここではその資質・能力を「体験力」と呼んでいます。

　一つは、「心の持ち方」に関するもので、「意欲・関心」、「共生感」、「自尊感情」であり、もう一つは、社会的な意識や作法に関するもので、「職業意識」、「規範意識」、「人間関係能力」、「文化的な作法・教養」です。

　結果を見ると、例えば子どもの頃に「自然体験」や「友だちとの遊び」などの体験が豊富な人ほど「もっと深く学んでみたい」といった意欲・関心が高い。また、「電車やバスに乗った時、お年寄りや身体の不自由な人には席を譲る」といった規範意識や、「社会や人のためになる

仕事をしたい」といった職業意識が高くなる傾向が見られることから、子どもの頃の体験活動は「体験力」を生じさせていると言えます。

(3) いつどのような体験をさせれば良いのか

　子どもの頃の体験活動が「体験力」を育てています。それならば、どの時期にどのような体験をさせれば良いのでしょうか。

　上記の子どもの頃の自然体験などの体験活動と自尊感情、人間関係能力などからなる「体験力」の結び付きを統計学的に調べた結果から、示唆に富む知見を四つ挙げたいと思います。

　一つ目は「小学校に通う前」の幼児期の体験は「体験力」の育成にはそれほど影響を与えていません。幼児期は保育所や幼稚園で、どの子どもにも年中行事に即した体験活動を行っているため、それほど家庭での体験力の差は見られません。ここから幼児教育の充実が推測できます。

　二つ目は、「低学年」の体験は「体験力」の育成に効果があります。これはすべての体験ではなく、「友だちとのかかわり」と「動植物とのふれあい」が特に大事で、学齢期に入ると家庭での体験力に「差」が見られるようになってきます。

　筆者らはシングルマザーの親子キャンプのボランティアを10年近く行っていますが、しばしば、以下のような言葉を耳にします。

　「小学校に上がるまでは、様々な補助があるが、学校に入ったとたんに補助がなくなる。給食費は別として、学用品、教材費、お稽古、塾などの支払いが急に増えてくる。いろいろな体験をさせようにも、体力的、経済的な力が弱いシングルマザーには辛い」。

　三つ目は、ある程度予測していたことで、「小学校高学年」はキャンプなどの「自然体験」と「友だちとの遊び」が効果的ということでした。

　四つ目は、「中学校」の体験も「体験力」の育成に効果があるということです。体験活動の内容は、小学校低学年や高学年と異なり、「地域活動」や「自然体験」、「家族行事」「家事手伝い」といった活動も大切になり、様々な体験が「体験力」の育成に結び付いていきます。

ここで注目したいのは、「中学生」です。中学校は「勉強」と「部活動」を中心に展開されていると言われていますが、大人になった時の「体験力」を育てるには、学校外の様々な活動への参加が無視できないということです。勉強と部活動をしながら、家庭や地域、そして野外での活動に取り組むような中学生は、ひとかどの大人になっているようです。

　さらに、国立青少年教育振興機構では、高校生を対象として同様の調査をしています。本稿ではデータの紹介は割愛しますが、結果は大人とほぼ同じでした。高校生を対象にしても、幼児期は「差」が見られず、低学年は「友だち遊び」と「動植物のふれあい」で、高学年では「自然体験」と「友だちとの遊び」で、中学生では「多様な体験」が効果的であったというものです。

　高校生でも大人でも、その体験量が「体験力」の育成に結び付くという知見はまさに貴重と言えます。

どんな遊び体験が子どもに効果があるのか

(1) 仕切り屋を育てる実践

　鳥取県米子市にある加茂小学校では、子どもたちの中に「仕切り屋を育てる」ユニークな実践を行っています。それは、毎週火曜日の昼休みに異年齢の遊びを奨励して、6年生のひとり一人に遊びの仕切り体験をさせるというものです。1年生から6年生まで各学年から1人ずつ集まり、6人で一つの遊び集団を作ります。この学校は6年生が91人いるため、その数だけの遊び集団ができるのです。

　昼休みの35分間、体育館やグラウンドは子どもたちでいっぱいになって、体育館はさながら芋を洗うような活況を見せています。

　リーダーの6年生は火曜日の朝、自分のチームの人たちには、学校の入り口の掲示板に、今日何して遊ぶか、時刻と集まる場所、それから遊びの種類を書いた用紙を貼って知らせています。当然、チームには子ど

もたちが気に入ったキャラクターの名前を付けています。

「遊びのなかみはひみつ、楽しみにして」という微笑ましいものから、雨が降ってきた時に集まる場所を指定したものや、「きょうは他のチームと合同で遊ぶ」というものまで、実に色々なカードが作られています。

昼休みが終わる3分前に反省会を開き、面白かったところとつまらなかったところの意見を聞く。リーダーはそれらの意見を参考にして、下級生がどんな遊びを求めているか、を次の週までに考えてくるのです。

1チームに6年生が2人いると、下の学年で気の弱い子どもは引いてしまい、仕切る人が固定しまう傾向がありますが、6年生が1人なら自分が仕切らざるを得なくなります。意図的にリーダーのポジションを用意する。リーダーを育てるためにはここが肝心なのです。

(2) 遊びの効果は「石の上にも三年」

この加茂小学校は、「加茂っ子タイム」を始めて5年が経ちます。この間の怪我の件数（保健室統計）を調べてもらったところ、興味深いデータが得られました。

平成12年の怪我の件数は12月末で1,161件、13年は1,284件、14年は1,243件でしたが、15年になると606件と実に半数に減っているのです。怪我をする子どもたちの数が確実に少なくなっています。

遊びに怪我はつきもの。やはり「加茂っ子タイム」を始めた当初は怪我が多くあって、その怪我の状況は3年ぐらい続きました。

ところが、子どもたちが遊びに慣れ始める頃になると怪我は減ってきています。子どもたちにも対応能力が身に付いてきたのでしょう。ボールのよけ方、相手とぶつからないような避け方、倒れた時の上手な転び方などを自然と学んでいったのです。

また、加茂小学校では不登校児はゼロ人。「石の上にも三年」ではありませんが、遊びの効果も仕込みの時間が必要のようで、結果ばかりを急いではダメなことを教えてくれています。

(3) どんな遊びが良いのか

「よく遊びよく学べ」と言われますが、どんな遊びが良いのでしょうか。筆者のゼミの女子学生の卒論でこの問題に挑んだ者がいます。この学生は、大学生を対象に児童期(シングルエイジ)の遊び体験が、大人になった時にどのような影響を与えているのかを調べています。

結果を見ると、シングルエイジの頃、外遊びと内遊びの両方をした者は大学生になっても社会問題に関心があり、負けず嫌いでモチベーションが高い。そして友人関係や異性関係もうまくいっている。

ところが、興味深いことに外遊びだけだった者は、年金や株価、失業率といった社会問題には関心が薄い上に、人見知りが強く、友だちが恋をしているのを見抜けない。人前で泣くこともなく、我慢強く、自分なりのこだわりはもっているが、他者とかかわり合う人間関係能力は低い、という結果でした。

当然、屋内遊びだけをした者は、社会的な問題への関心や人間関係能力、自尊感情も低いという傾向が見られました。

テレビゲームやシール集めは、当時の子どもの世界で流行っていたものです。外遊び中心の者は、友だちの遊びに関心がなかったのかも知れません。それが大学生になってから自分だけの世界を作るようになったのだと思われます。外遊びの大切さはいうまでもないことですが、それだけではどうもダメなようです。小さい頃から友だちの間で何が流行っているのか、といった「遊び仲間感度」という感性をもつことが大切になってきます。

結びにかえて

この30年間、子どものたちの放課後が失われてきました。30年前までは放課後が３時間ありました。それが今は半分の１時間30分まで減っています。歩数に換算すると、２万歩に近かったものが１万歩になっています。それだけ子どもたちの行動半径が狭くなっているのです。動きが

狭くなると、当然体力は低下します。文部科学省のデータを見ても、昭和62年頃から子どもたちの体力は低下しはじめ、次に食欲の低下から給食の残飯量が増え、家庭では夕食のお代わりをする児童が減っていることが分かります。体を動かす機会が少なければ、当然お腹は空きません。

　それ以上に問題なのは、人間関係能力が低下したことです。具体的には、成長する過程で大事な「第三の大人」と接する機会が減っています。第一の大人は「親」、第二の大人は「教師」。彼らは子ども中心に考えてくれるので、理不尽なことはあまり言いませんから、子どもの要求がすんなり通るのです。

　ところが、地域のおじさん、おばさんという「第三の大人」の中には、融通が利かなく理不尽なことをする人もいます。子どもは、そこで初めて社会には様々人がいて、無理難題を押し付けられることを学びながら、人間社会を理解していくのです。

　まさに体験活動は、子どもの行動半径を広げ様々な人たちとの交流を通して人間を理解し、自分の可能性を見つけだすことができるのです。

　そのためには、これからの体験活動は、子どもの成長に応じた体験のカリキュラムを編成し、提供できる仕組みづくりを整えていくことが必要になります。

| 文 ▶ | 明石要一 | 千葉敬愛短期大学学長 |

参考文献
- ▶『子どもの体験活動の実態に関する調査研究』報告書
国立青少年教育振興機構(2010年10月)
- ▶『遊び場(プレーパーク)のヒミツ』――羽根木プレーパーク20年』
羽根木プレーパークの会・著、ジャパンマシニスト社(1998年)
- ▶『子どもの放課後改革はなぜ必要か』
川上敬二郎・明石要一共著、明治図書(2005年)
- ▶『いま、子どもの放課後はどうなっているのか』
深谷昌志、深谷和子、高旗正人編著、北大路書房(2006年)
- ▶『子どもの放課後を考える』池本美香編著、勁草書房(2009年)
- ▶『子どもたちの放課後を救え!』川上敬二郎著、文藝春秋(2011年)

1章 PART 2 学校教育と体験活動

■[1] 学習指導要領と体験活動

　学習指導要領の改訂のたびに課題になるのは、子どもたちの実態です。教育課程は子どもたちの実態に応じて展開されなければなりませんが、学習指導要領には指導内容が明記されるために、子どもの実態よりも教科等の系統性が重視されがちです。昭和22年に学習指導要領が制定された時には、アメリカの教育が導入され、子どもたちの経験をベースにした教育課程が提示されていました。しかし、改訂を重ねるごとに全国の子どもたちに一定の教育水準の指導を保証するという観点から、教科の系統的学習が重視され、社会の高度経済成長に合わせて指導内容も高度化していきました。

①昭和52・53年改訂の学習指導要領と体験活動

ゆとりの時間を活用した体験活動

　このような傾向に対して、昭和52・53年の学習指導要領の改訂においては、指導内容の高度化を見直し、子どもの実態を重視した改訂が提案されました。そして、総授業時数を１割削減して学校裁量の時間（ゆとりの時間）が設けられたのです。

　創設された学校裁量の時間（ゆとりの時間）は、各学校において自由に活用するとされました。そこで多くの学校においては、学校独自の体験活動を考えるようになり、自然体験活動や奉仕体験活動のみならず、

体験による様々な学習活動も工夫されるようになっていったのです。

②平成元年改訂の学習指導要領と体験活動

■豊かな体験による内面に根ざした道徳性の育成
（生活科の新設と道徳の時間の充実）

平成元年の改訂は、特に道徳教育の充実が叫ばれました。社会の変化に対応しながら、生涯学習の基盤を培うという観点から、自己教育力の育成を強調し、個性を生かす教育の充実をめざしました。その方法として、「豊かな体験による内面に根ざした道徳性の育成」に関する取り組みが具体的に提案されたのです。

新設された「生活科」は、体験自体を目標とする教科として設けられました。生活科の目標は、「具体的な活動や体験を通して、自分と身近な人々、社会及び自然とのかかわりに関心をもち、自分自身や自分の生活について考えさせるとともに、その過程において生活上必要な習慣や技能を身に付けさせ、自立への基礎を養う」となっています。

具体的には、地域の人々や地域社会、自然と一体となって学ぶ体験学習や、継続的に飼育、公共物や公共施設を利用しての学習、身近な自然を観察したり季節や地域の行事にかかわる活動を行ったりして、自分たちの生活を工夫して楽しむ活動などが行われます。

これらの体験活動が、自立への基礎を養うようにするためには、「体験活動」と「内面的な指導」を響かせることが重要になります。そのことを示しているのが道徳教育です。平成元年の改訂においては、道徳教育の指導内容と指導方法の改善が図られています。

道徳の指導内容（道徳の時間を要として全教育活動で指導する内容）は、4つの視点で示されています。「自分自身」「他の人」「自然や崇高なもの」「集団や社会」です。それらはかかわりを意味しています。生活科の目標に示されていることと同じです。そして、そのかかわりを豊かにする上で大切な心構え（道徳的価値意識）が指導内容項目として発

達段階に合わせて示されています。

　すなわち、4つのかかわりを豊かにもち、道徳的価値意識に気付いていくような体験が豊かな体験ということになります。このことは、生活科を中心として日常生活や様々な教育活動の中で充実させていくことが大切です。そして、道徳の時間で、道徳的価値の自覚を深めながら道徳的実践力を育んでいき、体験活動を充実させていく。このような形で体験活動の充実が強調されたわけです。

③平成10・11年改訂の学習指導要領と体験活動

学校週5日制の導入による体験活動の充実
(「総合的な学習の時間の創設」と学校・家庭・地域連携)

　平成10・11年の改訂は、学校週5日制への移行を前提として行われました。基本的方針として学習内容を3割削減し、新たに「総合的な学習の時間」を設けたのです。

　「総合的な学習の時間」は、「自ら課題を見つけ、自ら学び、自ら考え、主体的に判断し、よりよく問題を解決する資質や能力を育てること」と、「学び方やものの考え方を身に付け、問題の解決や探究活動に主体的、創造的に取り組む態度を育て、自己の生き方（高等学校は、在り方生き方）を考えることができるようにすること」をねらいとしています。それは、学校裁量の時間や生活科の創設の理念を踏まえて、子どもたちが主体的に体験活動を行い自らの生き方を考えていけるようにする時間、言い換えれば体験を通しての道徳教育の時間ととらえることができます。

　さらに押さえるべきことは、「総合的な学習の時間」が学校週5日制との関連で創設されたことです。すなわち、これからの子どもたちの学びは、学校だけではなく家庭や地域での学びといかにかかわらせていくかが大きな課題であり、そのつなぎの役割を果たすのが「総合的な学習の時間」であるということです。

　したがって、「総合的な学習の時間」で取り組む体験活動は、家庭や

地域での体験活動とつながっていくことが求められます。このことは、特別活動や様々な教育活動における体験活動においても重視されていることです。

④平成20・21年改訂の学習指導要領と体験活動

教育基本法、学校教育法の改正の趣旨を生かした全教育活動における体験活動の充実

　平成20・21年の改訂は、59年ぶりに改正された教育基本法と学校教育法の趣旨を踏まえて行われました。その中で強調されたのは、人格の完成をめざした教育の強調であり、そのための個性の伸長と社会的自立です。学校教育法では、義務教育の目標として「学校内外における社会的活動」や「自然体験活動」の推進が明記され、そのことを通して「自主、自律及び協同の精神、規範意識、公正な判断力並びに公共の精神に基づき主体的に社会の形成に参画し、その発展に寄与する態度」や「生命及び自然を尊重する精神並びに環境の保全に寄与する態度」を養うことが示されています。

　また、同法第31条には「教育活動を行うに当たり、児童の体験的な学習活動、特にボランティア活動などの社会奉仕活動、自然体験活動その他の体験活動の充実に努めるものとする」と書かれています。

　これらを踏まえて、改訂された学習指導要領では、総則において、「道徳教育を進めるに当たっては、教師と児童（生徒）及び児童（生徒）相互の人間関係を深めるとともに、児童が自己の生き方についての考えを深め（生徒が道徳的価値に基づいた人間としての生き方についての自覚を深め）、家庭や地域社会との連携を図りながら、集団宿泊活動（職場体験活動）やボランティア活動、自然体験活動などの豊かな体験を通して児童の内面に根ざした道徳性の育成が図られるよう配慮しなければならない」（カッコ内は中学校）と明記され、特別活動を中心に、すべ

ての教育活動において体験的な学習が推進されるべきこととなっています。

⑤教育課程における体験活動の今後の課題

道徳性育成、学力育成、地域づくりとの関連を図る

以上のような、学習指導要領における体験活動の主張や充実方策の変遷を見る中から、これからの教育課程における体験活動の充実に関する課題としては、次のことが挙げられます。

第一は、体験活動を通して豊かな人間形成を図ること。すなわち、体験活動を充実させることと、人間としての自分自身の生き方を考え、より深く追い求めることとつながっていくようにすることです。そのためには、道徳的価値意識とのかかわりが重要になります。

第二は、体験活動と生きて働く学力の育成とを関連付けること。体験活動の中で知的関心や刺激、それとかかわってチャレンジ精神が育まれるようにすることです。

第三は、体験活動の充実を学校、家庭、地域連携の中で図っていくこと。地域生活そのものの充実や地域文化の育成等ともかかわらせることです。それは学校文化と家庭文化、地域文化との交流を図ることにもなります。

文▶ **押谷由夫** | 昭和女子大学教授

[2] 青少年教育施設と集団宿泊活動

①子どもたちの体験不足と集団宿泊活動

　社会全体の急速な変化に伴い、子どもたちを取り巻く環境が大きく変化しています。経済発展、交通・情報システムが整備されたことにより、生活水準は向上し、便利な生活を送ることができるようになった反面、少子化、核家族化、都市化、情報化、過度の学歴偏重、地域の結び付きの希薄化など、多くの弊害が生じています。そのような環境の中、子どもたちが、体を活発に動かす機会、他者とかかわる機会、直接的な体験の機会など、かつては遊びを中心に得られた学びの機会が、現代では極端に減少してきています。

　国立青少年教育振興機構が行った調査によると、年代が若くなるほど子どもの頃の自然体験や友だちとの遊びが減ってきています。加えて遊びの減少に居住地の違いがほとんど見られませんでした。

　従って、学校も含め、家庭や地域社会などで子どもたちに意図的・計画的に体験の機会を提供する必要があります。

　そのような背景の中で、平成23年度からスタートした新しい小中学校学習指導要領においては、自然体験活動を中心とする長期の集団宿泊活動を推進する姿勢が強く打ち出されています。

　集団宿泊活動において期待できる効果としては、

▶**自己にかかわること**
ア）感動体験による自ら学び、自ら考え、主体的に取り組む意欲の向上
イ）親元を離れた集団宿泊活動による自主性・有能感・自尊感情の獲得
ウ）規則正しい生活による基本的な生活習慣の獲得

▶**他人との関係性にかかわること**
ア）共同生活による規範意識や社会性の獲得
イ）仲間との集団活動による他人との協調性・コミュニケーション能力、

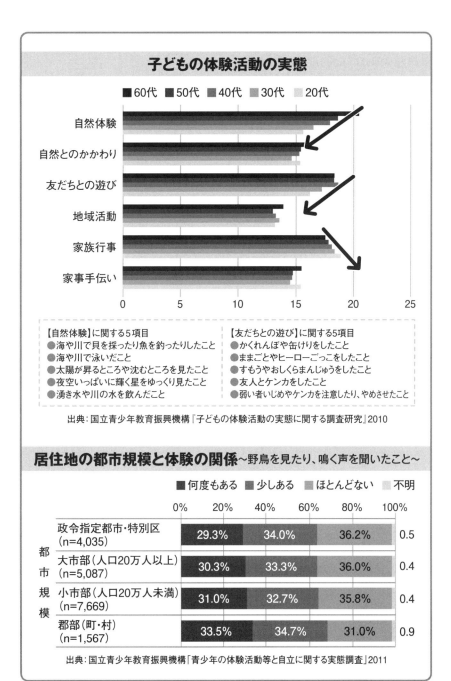

他人を思いやる心の育成
▶**自然や身の回りの環境にかかわること**
ア）直接的に体験することによる教科学習内容の一層の理解
イ）自然に関する理解や自然を大切にしようとする態度の育成
　等が挙げられます。

　このように様々な教育的効果が期待できる集団宿泊活動ですが、青少年教育施設で効果的な集団宿泊活動を実施する上では、①活動目的の明確化、②活動目的に沿ったプログラムデザイン、③事前相談・実地踏査の実施、④教職員の共通理解と組織化、⑤児童生徒に対する事前・事後指導、⑥プログラム評価を行うことが重要になります。

　加えて、①活動場所の確保とプログラム内容、②授業時数の確保、③指導者の確保、④教員への負担の軽減、⑤保護者の理解と経済的負担の軽減、⑥安全性の確保を検討し、これに配慮することが必要です。

②集団宿泊活動として最適な青少年教育施設

　学校外で行われる集団宿泊活動は、普段の生活とは違う非日常性が大きな特徴であり、その活動に適しているのが全国に数多くある国立・県立・市町村立青少年教育施設です。

　昭和34年に皇太子殿下のご成婚を記念して設置された国立中央青年の家を皮切りに、青少年が生活体験・自然体験・社会体験などの活動を行う施設として国および地方公共団体により順次整備が進められ、文部科学省の調査によると平成14年度には718か所が全国に整備されました。近年、多少その数は減少していますが、青少年の体験活動の場としての意義・役割は一層重要視されています。

　学校が集団宿泊活動で、青少年教育施設を利用するメリットとしては、以下のようなものが挙げられます。

(ア) 集団宿泊活動に適した施設・設備が充実
　多くの青少年教育施設は宿泊定員が100〜400人であり、クラス単位

から全校といった規模での宿泊生活にも対応できる施設・設備が整っています。また、周辺にある森林・海・河川といった豊かな自然をはじめ、研修室、文化施設、スポーツ施設、キャンプ場などの施設・設備が整備されています。

(イ)目的に応じた多様な活動プログラム

施設には生活体験や社会体験、自然体験など、施設の立地条件を活かした学習効果の高い活動プログラムが用意されており、異なる目的をもった様々な団体の利用に対応しています。特に学校の授業との関係では、天体観察を理科に、自然物を使った工作を図画工作に、登山活動を体育にといったように活動プログラムを授業時数にカウントするよう配慮されたプログラムも多く提供されています。

③指導者の配置と養成

青少年教育施設の多くには、指導を担当する職員が配置されており、活動プログラムについてアドバイスを受けることができます。特に国立の青少年教育施設には、専門的な知識や技術をもった職員が指導者として配置されており、学習効果の高い活動プログラムや学校の教育課程を踏まえた活動について、助言を得ることができるばかりか、希望すれば外部指導員やボランティアを要請することもでき、教員の経験不足や負担を補うことができます。さらに国立青少年教育施設では、教員の免許状更新講習や自然体験活動指導者養成講習会などとして、体験活動の指導者養成や資質向上のための研修も行うなど、国立施設の役割も果たしています。

④安全確保

体験活動、特に自然体験活動はその特性から危険を伴う場面もありますが、活動のもつ冒険性を阻害しないような安全対策への配慮がなされていることが大切です。

青少年教育施設では、危険が伴う活動プログラムの安全対策マニュアルの整備や活動場所の実地踏査と定期的な点検整備が行われているのが通例です。また、児童生徒が事故や病気の場合には近隣の医療機関の紹介等を受けることができるのも青少年教育施設ならではのものです。

⑤費用の軽減

　学校外での集団宿泊活動では、食費や宿泊費だけではなく、指導者への旅費・謝金も必要になり、保護者の経済的な負担が大きくなりがちです。青少年教育施設を利用した場合は、民間の宿泊施設に比べ廉価なものとなっていて、費用を軽減することができます。

| 文▶ | **蓬田高正** | 国立青少年教育振興機構
国立淡路青少年交流の家事業推進係長兼企画指導専門職 |

参考文献
▶『小学校学習指導要領』文部科学省、東京書籍（2009年）
▶『中学校学習指導要領』文部科学省、東山書房（2008年）
▶『学校で自然体験活動をすすめるために──自然体験活動指導者養成講習会テキスト』国立青少年教育振興機構（2010年）
▶『小学校自然体験活動モデルプログラム開発報告書』国立青少年教育振興機構（2011年）

1章 PART 3 社会教育と体験活動

■［1］地域の教育力と体験活動

①青少年期の地域での体験活動の意味

　青少年の人間形成上、多様な交流や体験の機会を得ることの重要性が理念的に指摘されることはこれまでにも多くありました。ところが青少年の体験活動と人間形成との両者の関係を、全国調査といった大規模な精度の高い調査に基づき実証的に解明する研究は、十分とは言えなかったように思います。

　特に体験活動が重要とは言っても、青少年期のいつ頃、どのような内容の体験が重要であり、種類の異なる体験がいかなる青少年の意識や行動の変容に繋がるかという関連を解明する研究は、筆者の管見する限り殆ど実施されてこなかったと言えるでしょう。

　国立青少年教育振興機構が平成21年に実施した「子どもの体験活動の実態に関する調査研究」は、従来のそうした研究上の問題状況の克服をめざした実証的研究と言えます。本稿ではその研究成果を踏まえて、地域の体験活動と効果を検討しようと思います。

　上記の研究では、青少年期の地域の体験活動が、青少年の自尊感情、関心・意欲といった自己の内的意識・価値観とともに、規範意識、人間関係能力、職業意識といった自己と他者との関係を通して生まれる意識・価値観に多大な影響を及ぼし、さらに大人になってからの意識・価値観にも影響することを明らかにしています。以下では、特徴的な分析

結果を紹介しながら、地域の教育力と体験活動との関連と地域活動の意味を検討します。

②青少年期の地域活動と成人になってからの職業観との関連

　図1は青少年期に地域活動の多寡が、その後、成人になってからの職業観を左右する関連を示す分析結果です。より詳細に説明すれば、青少年期に地域の身近な空間・場の活動である「近所の小さい子どもと遊んであげたこと」「バスや電車で体の不自由な人やお年寄りに席をゆずったこと」や、地域の子どもや大人との交流が想定できる活動である「近所の人に叱られたこと」「祭りに参加したこと」「地域の清掃に参加した」体験と、大人になってから現在の職業意識に関する5項目の回答との関連を示しています。

　分析結果によれば、青少年期に地域での体験活動が多いほど、大人になってからも「自分にはなりたい職業がある」「大人になったら仕事をするべきだと思う」「できれば社会や人のためになる仕事をしたいと思う」などの職業意識が高いことが分かります。

　総務省統計局の「労働力調査」によれば、日本の15歳～34歳の若年完全失業者数は、平成25年度で約102万人に達しています[1]。さらに内閣府が平成22年に実施した「若者の意識に関する調査（ひきこもりに関する実態調査）」によれば、殆ど家から出ない狭義の「ひきこもり群」と自分の趣味に関する用事以外は殆ど家を出ない「準ひきこもり群」をあわせた広義の引きこもり数は、2009年の人口推計によれば約70万人に達すると推定されています[2]。

　青少年期の地域活動の体験が、成人の職業意識を高める効果もあることが見いだされた上記の結果を踏まえれば、日本の若年失業者やひきこもりの増加といった深刻な社会問題の解決にとっても、青少年期の地域での体験活動は極めて重要な意味を有すると言えるでしょう。

【図1】子どもの頃の「地域活動」と現在の「職業意識」との関係

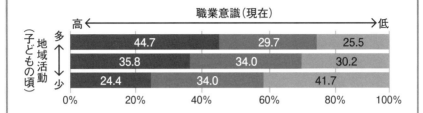

【地域活動】
- 近所の小さい子どもと遊んであげたこと
- 近所の人に叱られたこと
- バスや電車で体の不自由な人やお年寄りに席をゆずったこと
- 祭りに参加したこと
- 地域の清掃に参加したこと

【職業意識】
- 自分にはなりたい職業やってみたい仕事がある
- 大人になったら仕事をするべきだと思う
- できれば、社会や人のためになる仕事をしたいと思う
- お金が十分にあれば、できれば仕事はやりたくないと思う（逆転項目）
- 今が楽しければ、それでいいと思う（逆転項目）

大人になったら仕事をするべきだと思う（現在）

できれば、社会や人のためになる仕事をしたいと思う（現在）

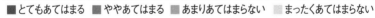
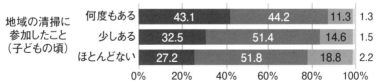

出典：国立青少年教育振興機構「子どもの体験活動の実態に関する調査研究」報告書　平成22年

③青少年期の地域活動が有する総合的な効果

　国立青少年教育振興機構の研究は、前述の成人期の職業観との関連だけではなく、表1に示すように6種の体験（自然体験、動植物とのかかわり、友だちとの遊び、地域活動、家族行事、家事・手伝い）と7つの側面の意識・価値観（自尊感情、共生感、意欲・関心、規範意識、人間関係能力、職業意識、文化的作法・教養）との関連を明らかにしています。この研究では、7つの側面の意識・価値観を「体験の力」と定義付けました。

　表1中の「地域活動」の列を見れば分かるように、地域活動の体験は成人になってからの7つの側面からなる体験の力の全項目と統計的に有意な相関関係が認められました。青少年期の地域活動は、その後の人生において不可欠となる様々な力と関連しており、いかに重要かを理解していただけると思います。

　図2は、7つの意識・価値観を「体験の力」の総合点として換算し、青少年期の地域活動の多寡との関連の分析結果を筆者がグラフ化をしたものです。これを見ると前掲の7つの側面の意識・価値観をまとめた「体験の力」が高い者は、青少年期に地域活動を多く経験している。一方、「体験の力」が低い者は、青少年期に地域活動の経験が少ないという関連が見いだされます。こうした研究成果を踏まえれば、多様で有意義な地域活動を青少年期に可能な限り体験できるように機会を充実することが、今後の教育政策上も極めて重要になると思われます。

④地域活動を体験するのは青少年期のいつが良いのか

　では一体、青少年期のいつ頃に地域活動を体験するのが効果的なのでしょうか。国立青少年教育振興機構の研究では、多変量解析を用いてその分析を行っています。分析の結果、特に小学校高学年から中学生期の地域活動が、「体験の力」を高める効果のあることを明らかにしました[3]。

【表1】子どもの頃の体験と「体験の力」のカテゴリ間の関係（相関係数）

※※p＜.01

	自然体験	動植物とのかかわり	友だちとの遊び	地域活動	家族行事	家事・手伝い
自尊感情	.247※※	.218※※	.252※※	.269※※	.3265※※	.185※※
共生感	.292※※	.321※※	.320※※	.324※※	.316※※	.288※※
意欲・関心	.274※※	.273※※	.299※※	.315※※	.299※※	.296※※
規範意識	.175※※	.166※※	.243※※	.190※※	.254※※	.208※※
人間関係能力	.285※※	.271※※	.333※※	.366※※	.321※※	.304※※
職業意識	.185※※	.187※※	.232※※	.229※※	.232※※	.215※※
文化的作法・教養	.304※※	.314※※	.332※※	.346※※	.377※※	.329※※

出典：前掲、国立青少年教育振興機構「子どもの体験活動の実態に関する調査研究」平成22年

【図2】「体験の力」と「地域活動の体験」の多寡との関係

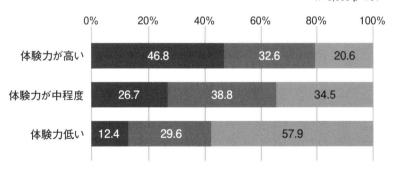

注：金藤ふゆ子「第3章地域で求められる取り組み」前掲、国立青少年教育振興機構「子どもの体験活動の実態に関する調査研究」平成22年所収を基に筆者が作成

小学校高学年から中学生期は、一般的には学習やクラブ活動などに費やす時間が増大し、地域活動からは遠ざかる時期と考えられがちです。しかし、そうした時期にこそ青少年は、例えば子ども会のジュニアリーダーといった立場やボランティア活動等も経験しながら、異年齢集団の中で地域活動に参加することが重要なのです。小学校高学年から中学生期の地域活動の体験は、青少年期、およびその後の人生を力強く生きるための諸力を育成する源になると言っても決して過言ではないのです。

| 文▶ 金藤ふゆ子 | 文教大学人間科学部教授 |

参考文献
(1)『労働力調査 平成25年度』総務省統計局(2014年)
(2)『若者の意識に関する調査(ひきこもりに関する実態調査)』
　内閣府(2011年)。同調査では、さらに「ひきこもり親和群」を定義し、
　その推計数は155万人にのぼるとしている。
(3)『子どもの体験活動の実態に関する調査研究』報告書
　国立青少年教育振興機構(2011年)

［2］体験活動の場となる社会教育施設

①社会教育施設とは何か

　体験活動の一つの場として社会教育施設があります。「場」として、という表現を使いましたが、社会教育施設という言葉は、単に、空間を指し示すものではありません。

　社会教育施設という言葉からは、公民館、図書館、博物館などがイメージされることが一般的なのですが、その他に、青少年教育施設、女性施設、生涯学習センターなどもその範囲に含めて考えられることもあります。社会教育法では、「社会教育施設」という用語が出てきます。これは平成20年の改正で「社会教育に関する施設」を変更したものですが、具体的な規定などはありません。法律で規定されればいい、というわけではないものの、案外曖昧な概念であるのは、依拠する規定がないということも影響していると考えられます。

　さて、社会教育施設は、人々の学習活動を支援する施設で、社会教育という形でそれを効率的に行おうとしている施設であり、恒常的な施設で、学習活動支援のための工夫がなされており、広く一般に開放されている施設である、というように考えることができるでしょう（鈴木眞理「社会教育の施設」伊藤俊夫編『生涯学習概論ハンドブック』文憲堂 2006年 p.104）。

　そのように考えると、社会教育施設には、物的側面と人的側面と機能的側面とがあり、それらが全体として、学習活動の支援につながっていると考えることができます。つまり、建物だけに意味があるということではなく、指導・支援する職員が存在し、その教育活動としての学習プログラムが提供される、総合的なことが想定されている、ということです。この社会教育施設の全体性・総合性は、たいへん重要なことだと言えます。

②社会教育施設に期待される体験活動支援の役割

体験活動に社会教育施設はどのようにかかわるのでしょうか。

図書館は、直接、体験活動にかかわることにはならないと思われますが、体験活動の指導者が様々な情報に接する場としては重要な意味をもっています。「体験活動なのだから活動すればいいんだ」ではなく、これまで蓄積されてきた様々な知見や方法を図書館資料から得ることができるというわけです。

では公民館はどうでしょう。公民館というのは、それが存在している地域で、その存在の仕方が多様なのですが、公民館の施設（物的側面）を利用して体験活動ができる場合もあるでしょうし、公民館の事業として施設の外部で、体験活動の事業が実施されるということもあります。体験活動のプログラムが、実施場所を他の施設等にして展開されるということで、この場合は、公民館（の職員）に蓄積されている事業展開の手法・ノウハウが活用されることになります。

これでお分かりのように、青少年教育施設は、体験活動に最適な社会教育施設であるということです。体験活動のプログラムが、その場所で、そこ（の職員）に蓄積されている事業展開の手法・ノウハウを用いて実施されるというわけです。確認しておくことは、青少年教育施設以外の社会教育施設においても、体験活動の支援は行われるわけですが、青少年教育施設には、その条件が整っているということになります。

③社会教育施設としての青少年教育施設

さて、すでに、社会教育施設には、物的側面と人的側面と機能的側面とがあり、それらを全体として考えるべきであると述べました。青少年教育施設は社会教育施設であるのですから、そのことは、青少年教育施設にも当てはまることです。建物や設備、あるいは敷地内や近隣の森や林、山や海や川だけに意味があるというのではなく、そこで展開される

活動を指導・支援する職員が存在していること、その教育活動としての学習プログラムが提供されていること、などが、社会教育施設としての青少年教育施設の基本ということになります。

　青少年教育施設の利用法は、施設が提供する学習プログラムに参加するだけではなく、学校や地域や職場などを基礎とする団体が、独自のプログラムに沿って活動を展開するという形もあります。これは、単に施設・場所を貸す・借りるのではありません。独自の活動を展開しているように見えますが、施設の側の一日のタイムスケジュールの枠内での活動であるわけですし、「朝のつどい」「夕べのつどい」などの存在や、施設・設備の利用の仕方など、施設内で見られる様々な行動が、施設側の教育的な意図・考え方によって構成されていると見ることができます。単なる自然や、単なる宿舎とはまったく異なるわけです。もちろん、利用者・学習者（側）の意向が尊重されることは、社会教育施設としての意義からしても当然のことなのです。

　職員、特に指導系職員の存在は、社会教育施設としての青少年教育施設にとって、極めて重要です。青少年教育施設の指導系職員は、他の社会教育施設では、公民館主事・司書・学芸員の学習活動を直接的に支援する職員に相当します。団体が独自の活動をする時に助言や指導をしたり、施設の提供するプログラムの作成・展開に中心的にかかわったりする職員です。特に資格が求められるわけではないのですが、誰でもできるというものではなく、体験活動に関連した技法や原理などを修得している人、社会教育主事の資格をもっている人が充てられていることもよくあることで、望ましいことだと言えます。

　学校の教員が、青少年教育施設に数年間配属されることもしばしば見られますが、学校教育と社会教育の違いを意識しながら職務の遂行をすることが期待されます。なお、ボランティアの存在も、施設にとって、利用者にとって、またボランティア自身にとっても重要な意味をもっています。ボランティアは単なる「お手伝い」ではないのです。

④青少年教育施設の特性

　社会教育施設としての青少年教育施設と体験活動とのかかわりについて、何点かその特性を考えてみましょう。

　まず、自然の環境に恵まれた立地であることが指摘できます。ここでは触れませんが、都市型の青少年教育施設と言われる非宿泊型の施設もあります。青少年の日常的な生活で自然と接する機会が少ない現在、青少年教育施設の自然は重要な意味をもっています。むろん、その自然は、管理された自然、加工された自然であることを忘れてはなりません。

　青少年教育施設は、非日常的な場所であるということも、一つの特性でしょう。公民館や図書館は日常的な利用が前提ですが、非日常的な施設だということも理解しておく必要があります。青少年にとっては、学校は日常的な施設です。学校とは違う場所で、学校教育とは異なる社会教育の機会に接するわけです。そのような点をよく理解しておくことが、青少年教育施設の利用の際、重要なポイントになります。学校での利用もあるわけですが、学校と同じことが行われたのでは効果が減じてしまうことになります。

　一方、青少年教育施設の側から見れば、学校側によく理解してもらうようにするとともに、主催事業への参加ということで考えると、日帰りあるいは数泊の利用で、青少年への教育が完結するはずはなく、そのためには学校と連携した活動が必要になることを、常に意識することです。学校教育との連携が重要な課題であることの所以ですが、教員の社会教育理解を深めることが基礎になると考えられます。子どもの頃の青少年教育施設での体験は、大人になってから、自身のあるいは地域の子どもにどう接するかにも影響が出ることです。次世代を育成する施設としても、青少年教育施設の役割は重要であることを理解したいものです。

文▶　**鈴木眞理**　│青山学院大学教授

■[3] 体験活動を支援する民間団体

　わが国の体験活動は、学校や国公立の青少年教育施設や公民館や生涯学習センター等の公的な機関において展開されているのはいうまでもありませんが、YMCAやボーイスカウトやガールスカウトなどの民間団体によって体験活動が推進さていることも見逃すことはできません。

　公的な機関では、安価な参加費で、一度に多くの参加者に、キャンプ、野外炊事、工作、オリエンテーリング、ウォークラリーなどのような体験活動を提供していますが、民間団体では、少数の参加者に、より専門的で細分化されたプログラムを参加者のニーズに合わせて提供しているという傾向があります。しかし、参加費は、公的な機関に比べると高めに設定されています。

　最近の全国調査（2010年）では、青少年に体験活動を提供する「自然学校」が全国に3,700校も存在することが明らかになり、自然学校の中で一番多い運営形態は、NPO法人等の民間団体であることも分かりました。プログラムの面においても、民間団体は、カヌーやスノーシューなどの特別な装備や備品を必要とするような活動を展開したり、環境保全活動や農林漁業体験などの特徴あるプログラムを積極的に取り入れたり、民間団体の独自性を発揮しようとする傾向が伺えます。本稿で体験活動を支援する民間団体の全てを紹介することはできませんが、民間団体等を束ねている以下のような協議会や協会等のネットワーク団体を見ていくことにより、民間団体の状況を把握することができます。

①NPO法人 自然体験活動推進協議会

　自然体験活動推進協議会（Council for Outdoor& Nature Experiences 略称：CONE）は、自然体験をキーワードに、全国の団体が連携しながら、自然体験活動憲章に基づいて、豊かな自然体験活動の推進と普及を行っています。自然体験活動推進協議会には、およそ280の青少年育成

団体、自然学校、野外教育団体、スポーツ振興団体、企業などが加入しており、それぞれの団体では、全年齢期を対象に専門的で良質なプログラムを提供するなど、わが国の自然体験活動を推進しています。

自然体験活動推進協議会は、自然体験活動指導者の養成および指導者の紹介を通して自然体験活動の推進を図るとともに、安全な自然体験活動を広く普及するために、全国で安全対策セミナーや組織管理者向けのリスクマネジャー養成などを行っています。

【ホームページ】http://www.cone.ne.jp

②日本アウトドアネットワーク

日本アウトドアネットワークは、自然体験活動を推進するプロフェッショナルな個人や団体のネットワークです。アウトドアを舞台とした活動を通して、21世紀社会にふさわしい人と自然、人と人との、より良いかかわり方を探り、実践している専門家、指導者、事業者による全国的な情報交換ネットワークです。現在、会員は150名、団体会員63団体であり、各団体の主なプログラムは、スキー、無人島キャンプ、登山、マウンテンバイク、冒険活動など専門的な体験活動を提供しています。

日本アウトドアネットワークの事業内容は、会員やそのスタッフを対象に指導スキルの研鑽や情報交換を実施しています。

【ホームページ】http://www.jon.gr.jp

③森のようちえん

森のようちえんの活動は、「森のようちえん全国ネットワーク」としておよそ100の団体が登録されており、各団体の主なプログラムは、里山遊び、山菜とり、花摘み、木の実ひろい、キノコとり、野草料理作り、川遊び、芋ほりなどの体験活動を実施しています。

北欧諸国で始まったとされる森の幼稚園・野外保育ですが、わが国でも乳児・幼少期の子どもたちに対して、恵まれた自然環境を利用して

様々なスタイルの活動が行われるようになりました。「森のようちえん」は、統一されたカリキュラムで活動しているものではなく、運営者独自のスタイルで展開されています。「森のようちえん」のフィールドは森だけでなく、海や川や野山、里山、畑、都市公園など、広義にとらえています。また、幼稚園だけでなく、保育園、託児所、学童保育、自主保育、自然学校、育児サークル、子育てサロン等が含まれ、0歳から概ね7歳ぐらいまでの乳児・幼少期の子どもたちを対象としています。

【ホームページ】http://www.morinoyouchien.org

④NPO法人日本冒険遊び場づくり協会

NPO法人日本冒険遊び場づくり協会は、プレーパーク等を運営している団体のネットワークであり、全国での活動団体数はおよそ330団体です。日本冒険遊び場づくり協会では、子どもたちが「遊び」を通して学ぶことの大切さと、その土台となる冒険遊び場の必要性を訴えるとともに、全国の冒険遊び場活動をしている団体や、これから遊び場をつくっていきたいという人たちのためのサポートを行っています。

プレーパークでは、子どもたちが廃材や道具を使って秘密基地を作ったり、木に登ったり、地面を掘り返したり、焚き火などもできるようになっています。昔の子どもたちが、自然の中で自由気ままに遊んでいたように、多少の危険も含めて、都市公園の中で再現するために、子どもの目線で子どもの相談相手として支援を行う地域のボランティアをプレーリーダーとして常駐させています。

【ホームページ】http://www.ipa-japan.org/asobiba

⑤川に学ぶ体験活動協議会

川に学ぶ体験活動協議会（River Activities Council　略称：RAC）は、川をフィールドにして活動している各地のNPO法人や民間団体によって設立され、現在120団体が登録しています。各団体の主なプログラム

は、ラフティング体験、カヌー体験、キャニオニング、水生生物採取体験等を展開しています。

　川に学ぶ体験活動協議会では、「川」を理解する「川に学ぶ」という理念のもと、川および水辺での継続的な体験活動とそれを支える「川の指導者」を育成しています。また、この活動を発展させるため、産学官民の連携のもとに様々な分野や地域を越えた交流や支援を行っています。

【ホームページ】http://www.rac.gr.jp

⑥海に学ぶ体験活動協議会

　海に学ぶ体験活動協議会（Council for Nature Activity along the Coast 略称：CNAC）は、海をフィールドにして活動している各地の団体によって設立され、現在正会員33団体と一般会員（個人）が登録されています。各団体の主なプログラムは、海辺の遊びやシーカヤック体験やセーリング体験等を展開しています。

　海に学ぶ体験活動協議会では、豊かで美しい海を次世代の子どもたちへ継承し、持続可能な社会を創造するためには、多くの人々が海辺の活動を通して海を学び、海の環境を保全し、指導者や活動の場を充実させ、「海辺の自然体験」を活性化させることが重要だと考えています。

【ホームページ】http://www.cnac.sactown.jp

⑦キッザニア

　協議会やネットワークではありませんが、キッザニアは意図的に作られた街の中で、子どもたちが職業体験や社会体験にチャレンジし、楽しみながら社会のしくみを学ぶことができる「子どもが主役の街」です。

　飛行機（パイロット・キャビンアテンダント）、ハンバーガーショップ、お菓子工場、ベーカリー、テレビ局、ファッションブティック、警察署、裁判所、歯科医院、消防署などの90余りの仕事を体験することができます。

キャリア教育の一環として、子どもたちに自分の将来について考える機会を提供し、働くことの意味や仕事の楽しさ、お金の価値など、「生きる力」を身に付けることを目的としています。子ども同士が協力して仕事に取り組むことで、生きていく上で必要なコミュニケーション能力や協調性、社会性、マナーなどを、自然に身に付けることができます。

【ホームページ】http://www.kidzania.jp

＊なお、1951年に、国内および国外の青少年団体相互の連絡・連携を図り、青少年活動の発展に寄与することを目的に、全国組織の活動を展開する主要青少年団体の連絡調整機関として結成、1990年4月に社団法人に認可された「社団法人中央青少年団体連絡協議会」は、「行政と密接な関係にある公益法人への支出の無駄の集中点検について」を受けて解散しています。

| 文▶ **久保田康雄** | 国立阿蘇青少年交流の家所長

1章 PART 4 家庭教育と体験活動

■［1］家庭教育の重要性

　戦後、わが国はめざましい復興・発展を遂げ、世界第2位の経済大国に成長（現在は、中国に次ぐ3位）する中で、教育、特に学校教育は、質量ともに充実発展し、わが国の発展を支えてきました。しかし、経済発展は社会の様々な変化を伴い、都市化、核家族化などの進む中で、家庭や地域社会の教育力が徐々に低下しているのではないかということが懸念されてきました。

　昭和50年代に入り、受験競争が激化し学歴偏重の是正が求められ、また、校内暴力、登校拒否・不登校、いじめなど「教育荒廃」という状況が生じる中、教育改革の必要性が認識され、臨時教育審議会が設置されましたが、その答申でも、家庭教育の充実の必要性が指摘されています。

（参考）教育改革に関する第4次答申（最終答申）（抄）
［昭和62年8月7日 臨時教育審議会答申］
第2章　教育改革の視点
　2　生涯学習体系への移行
　④　都市化の進展や家庭の機能が変化するなかで、今日、家庭や地域社会の教育力が低下している。このため、子どもの立場を中心に、家庭・学校・地域社会の役割と限界を明確にし、それぞれの教育機能を活性化するとともに相互の連携を図ることが重要である。とくに乳幼児期に親と子の基本的な信頼関係（親と子の

絆）を形成するとともに、適時・適切なしつけを行うことは、家庭が果たすべき重大な責務である。この観点から、家庭を学校、地域社会と並ぶ生涯学習の場としてとらえ、その教育力の回復を図る必要がある。

第3章　改革のための具体的方策
第1節　生涯学習体制の整備
2　家庭・学校・社会の諸機能の活性化と連携
（1）家庭の教育力の回復

　家庭が自らの役割や責任を自覚するとともに、家庭基盤の整備の推進、家庭・学校・地域の連携などにより、乳幼児期における親子の絆の形成や社会生活に必要な基本的な生活習慣を身に付けさせることなど、家庭の教育力の回復を図る必要がある。

　このため、親となるための学習の充実、家庭科の見直し、子どもの心をめぐるカウンセリングの普及、育児休業制度や新井戸端会議などを推進する。また、生命や自然への畏敬などの情操を養い、心身の健康を育むため、自然体験学習、都市と農山漁村との交流を推進するほか地域の教育力の活用と活性化を図る。さらに、PTA活動の活性化、学校教育活動への地域住民の積極的参加の推進、学校給食の見直しなどにより家庭・学校・地域が一体となって子どもを育てるための環境をつくる。

また、教育基本法の改正を提案した「教育改革国民会議報告」（平成12年12月22日）においても、教育の原点は家庭であるとして、次のような提言をしています。

2．人間性豊かな日本人を育成する
◎　教育の原点は家庭であることを自覚する
　　教育という川の流れの、最初の水源の清冽な一滴となり得る

のは、家庭教育である。子どものしつけは親の責任と楽しみであり、小学校入学までの幼児期に、必要な生活の基礎訓練を終えて社会に出すのが家庭の任務である。家庭は厳しいしつけの場であり、同時に、会話と笑いのある「心の庭」である。あらゆる教育は「模倣」から始まる。親の言動を子どもは善悪の区別なく無意識的に模倣することを忘れてはならない。親が人生最初の教師であることを自覚すべきである。

提言
（1）親が信念を持って家庭ごとに、例えば「しつけ3原則」と呼べるものをつくる。親は、できるだけ子どもと一緒に過ごす時間を増やす。
（2）親は、PTAや学校、地域の教育活動に積極的に参加する。企業も、年次有給休暇とは別に、教育休暇制度を導入する。
（3）国及び地方公共団体は、家庭教育手帳、家庭教育ノートなどの改善と活用を図るとともに、すべての親に対する子育ての講座やカウンセリングの機会を積極的に設けるなど、家庭教育支援のための機能を充実する。
（4）家庭が多様化している現状を踏まえ、教育だけでなく、福祉などの視点もあわせた支援策を講じる。特に幼稚園や、保育所における教育的機能の充実に努める。
（5）地域の教育力を高めるため、公民館活動など自主的な社会教育活動への積極的な支援を行う。「教育の日」を設けるなど、地域における教育への関心と支援を高めるための取組を進める。

　さらに、平成18年12月、新しい教育基本法が制定されましたが、その中に、新たに「家庭教育」、「幼児期の教育」および「学校、家庭及び地域住民等の相互の連携協力」の条項が設けられています。

> **(家庭教育)**
> 第10条　父母その他の保護者は、子の教育について第一義的責任を有するものであって、生活のために必要な習慣を身に付けさせるとともに、自立心を育成し、心身の調和のとれた発達を図るよう努めるものとする。
> 2　国及び地方公共団体は、家庭教育の自主性を尊重しつつ、保護者に対する学習の機会及び情報の提供その他の家庭教育を支援するために必要な施策を講ずるよう努めなければならない。
>
> **(幼児期の教育)**
> 第11条　幼児期の教育は、生涯にわたる人格形成の基礎を培う重要なものであることにかんがみ、国及び地方公共団体は、幼児の健やかな成長に資する良好な環境の整備その他適当な方法によって、その振興に努めなければならない。
>
> **(学校、家庭及び地域住民等の相互の連携協力)**
> 第13条　学校、家庭及び地域住民その他の関係者は、教育におけるそれぞれの役割と責任を自覚するとともに、相互の連携及び協力に努めるものとする。

　なお、家庭教育を充実させていくためには、保護者をはじめ実際に子育てに当たる人がその責務を十分自覚して躾や教育をすることが大切であり、国や地方公共団体は、それを支援する役割を担うものです。このことに関して、筆者も国会で次のように答弁しているところです。

第10条第1項で「子の教育について第一義的責任を有する」とあるのは、具体的にどのような意味か。

(平成18年11月6日 衆・教育特委)

◆西村智奈美（民主）

　質問は、政府案の第十条第一項であります。「父母その他の保護者は、子の教育について第一義的責任を有する」とありますけれども、この意味するところ、これを伺いたいと思います。

◇田中生涯局長

　改正法第十条一項の趣旨についてでございますけれども、「子の教育について第一義的責任を有する」とは、家庭は教育の原点であって、基本的な生活習慣あるいは倫理観、社会的なマナー、自制心あるいは自律心といったものを養う上で重要な役割を担っておりますことから、その旨を明確に規定させていただいたところでございまして、これを言いかえれば、家庭はすべての教育の出発点であるという意味でございます。

第10条第2項の「家庭教育の自主性を尊重しつつ」により、どの程度の支援ができ、どの程度の支援はできないことになるのか。

(平成18年11月6日 衆・教育特委)

◆西村智奈美（民主）

　それでは、第二項にあります「家庭教育の自主性を尊重しつつ、」といいますのは、どの範囲まで自主性を尊重しつつというふうな、どの範囲までカバーするんだということになるのでしょうか。

　何を問題にするかと申しますと、つまり、家庭というのは教育の

出発点である、例えば宗教観あるいは世界観、こういったものの形成にかかわるその価値は、それを子供が形成するときに、やはり家庭というのは深くかかわりを持つことになります。そういった、家庭で形成にかかわってきた宗教観や価値観のほかに、今度は学校で学習するいわゆる科学的な知識や認識、それと相まって、子供のその人なりの価値観というものができてくるわけであります。

　ですから、親の教育に関する権利、この自由を保障するという意味は、いわゆるその宗教観や世界観について、そのかかわる価値に影響を及ぼすことと同時に、学校教育にも親が、保護者が参加していける、こういうことを含むというふうにならなければならないというふうに考えますが、いかがでしょうか。

◇**田中生涯局長**

　「家庭教育の自主性を尊重しつつ、」ということでございますけれども、国や地方公共団体は、例えば子育てに関する講座を開設する、あるいは家庭教育手帳などを配っておりますけれども、子育ての悩み等を抱える親への情報の提供、相談事業、こういうものを支援事業として国や地方公共団体が行うよう努めなければならないということをこの二項は規定しておるところでございます。

　したがいまして、個々の家庭におきます具体的な教育の内容、方法、そういうものは各家庭でお決めになられることでございまして、その内容等について国が何らかの基準を定めたり、そういうことを考えておるところではございません。

◆**西村智奈美（民主）**

　いや、だから、自主性はどこまでカバーするんですかと私は伺っているんですけれども、いや、それは国がやるところはここだけで、何ら家庭に強制するものではありません、こういう感じの御答弁なんですけれども、もう一度お願いできないでしょうか。

　例えば、家庭教育、家庭のかかわっている宗教観や世界観、ある

> いは学校とのかかわり、これが政策とぶつかるときは、これはどういうことになるんですか、どちらが優先されますか。
>
> ◇**田中生涯局長**
>
> お答え申し上げます。
>
> 国が家庭に対して、いろいろな支援で講習会を開いたり、子育て手帳等を配付したりして、そういう家庭教育の支援をさせていただいておるわけでございますけれども、それのどこを取り入れるか、それは御家庭において決めていただく、これが家庭の自主性だと考えております。

［2］子どもの成長と体験

　子どもが人間として成長し、社会の中で自立していくためには、様々な体験を重ねる中で、教えられ、学ぶことが必要であり、このような学びは、生まれて、まず、両親（それにかわる保護者）のもとでたっぷりと愛情を注がれながら、そのまねをすることからスタートします。

　小泉純一郎元総理は、新しい教育基本法の質疑の中で「私は、(教育の責任は)基本的に親にあると思っているんです。まず親。親が子をかわいがらないで、どうして子供がしっかり育つでしょうか」と述べ、「教育の基本という言葉で私がすぐに思い出す言葉は、しっかり抱いて、そっとおろして、歩かせるという言葉であります。まず、子供が生まれた場合には、子供は、自分は親から、家族からしっかり抱かれているんだな、愛されているんだなということを口で言わなくても体全体で感じることが大事だ。……そして、早く自立しろ、早く自立しろといって一人でおっぽり出すと、かえって不安になる。だから、しっかり抱いてというのは、肉体的にも精神的にもという意味であります。そして、そっとおろす。突き放すんじゃない。そっとおろしていけば、自然と歩いて

いく。……幼児期においては、自分は周辺の人々からしっかりと認められているんだな、愛されているんだなということを十分植えつける、これが教育の原点だと思います。そうすれば、あとはむしろ、親が来いと言ったって、ああ、自分でできると言って駆け出していくような子供が育っていくと思うんですが、最初に不安定にさせると将来なかなか問題がある」と答弁されています（平成18年5月17日　両院・合同審査会）。

　これは、わが国の伝統的な子育ての基本だと思われますが、脳科学の世界的な権威である金澤一郎先生(元日本学術会議会長)も、脳科学の観点から「子どもたちを心身ともに健やかに成長させるためには、年齢によって大切なことが異なるという認識を大人が持ち、それぞれの時期にふさわしい対応をしていくことが重要」とし、「最初は乳幼児から幼稚園に入る前くらいまでの時期で、『安心』がテーマです。子どもとのコミュニケーションを図ることによって、人間というのは安心できる相手なのだということを分からせなければなりません。次は小学校入学前後から10歳くらいまでの時期で、ここで大切なのは『しつけ』です。世の中は自分の欲求だけでは回らないということを分からせ、欲求を抑えることを覚えさせ、10歳を過ぎたら『経験』が重要で、多少危険があってもいろいろな経験をさせて知識や見聞を広め、たくましさを身につけさせねばなりません」と述べています。そして、「子どもは基本的にものすごい能力を持っているので、社会にうまく適応していけるかどうかは、それぞれの時期に、大人がいかに適切な対応や環境づくりをするかどうかに掛かっていると思います」と付言されています（国立大学協会情報誌vol.13、平成21年7月）。

　まさに、わが国の伝統的な子育て観は、脳科学から見ても軌を一にするものであり、教育学者である坂本昇一先生（千葉大学名誉教授）は、「人格の発達課題」として次のようにまとめています。

	成長期	人格特性(資質等)	人間関係・集団
①	乳児期	信頼感(希望)	親(保護者)との関係
②	幼児期	自立感(思いやり・意志力)	同胞(兄弟姉妹)との関係
③	少年期	活動性(意欲)	同性集団(ギャング集団)
④	青年前期	自発性(目標)	異性集団・同性個人(親友)
⑤	青年後期	自己同一性(自己確信)	同性個人・異性個人(恋人)

　以上のように、子どもの成長にとって、その発達段階に即した父母をはじめ周りからの働きかけや子ども自身の様々な体験が必要です。従来は、子どもが生まれたら、まず家庭で、そして地域社会で、家族や地域の大人たちに見守られ、ほめられたり、しかられたりしながら、異年齢の子どもたちと様々な活動をする中で、それぞれの発達段階で育成されるべき資質が培われてきました。これは、必ずしも意識的に行われてきたものではなく、それぞれの家庭や地域において自然のうちに引き継がれながら行われてきました。

　しかし、近年、社会が急速に変化する、すなわち、核家族化、少子化、都市化、情報技術をはじめとする科学技術の目覚しい進展、さらに個人の権利意識が顕在化し、他人からの干渉を嫌う傾向など価値観が多様化する中で、親からの愛情やしつけも含め子どもの成長に必要な体験が十分でないまま、言い換えるなら発達課題を十分クリアーできないまま成長していく子どもが増加しています。そして、このような幼少年期の体験不足が、将来の人生に大きな影響を及ぼしているのではないかという趣旨から、これを「体験の格差」として認識し、その是正のための取り組みが求められはじめています。

　小泉元総理は、子育ての現状を心配し、次のような答弁もされています。

> 「それは私は、教育、大人の責任だと思います。子供じゃない、今の社会を見て。
>
> 　言葉だって、最初、赤ちゃんが生まれる。若い人の中には、これはうそか本当か分かりませんけれども、驚くべき話を聞いた。子供が話さないから話すまで待っていると。親が話しかけなきゃ子供が言葉を覚えるわけないじゃないですか。そういう驚くべき親もいるという嘆かわしい話を聞きました。
>
> 　まず、言葉を覚える過程を見てください、まねるんです。毎日話しかけられるんです、子供は話せなくても。話さないから話しかけない、これじゃ、どういう子供が育っていくかというのは、大変憂うべき状態だと思うんですが、まず大人がしっかりと、子供に対してどう接するか、これは教育の基本ですね。
>
> 　私は、今の教育の問題も大人の責任が一番大きいと思っております」（平成18年6月1日　衆・教育基本法特別委員会）。

　同じく、金澤一郎先生は、幼少期にしっかり自分の欲求を抑制できるようしつけることが大切だと提唱されています。

> 「人間は、他人の存在を意識しながら尊重するとともに、それを自分の存在や欲求とうまく折り合いをつけることができる稀有な生物であると思います。ですから、人間の価値は、いかに適切に自分の欲求を抑制することができるかどうかにかかっていると思います。この脳での抑制過程は、一朝一夕にでき上がるものではなく、幼少時から事あるたびに、他人（親、先生、友人など）から適切に教わってこそ正しくでき上がるものです。これは「幼少時」であることが重要で、大人になってからではすでに遅いのです。また、この抑制（躾と言い換えてもよいでしょう）を身につけさせる過程では、

子ども達の心に、自分を抑制するというマイナスの思いだけでなく、そうすることによって他人から信頼されるというプラスの思いをセットで与えたいと思います。その意味で、私を含めて、親、先生、先輩たちの責任は極めて重いといえましょう。私は、日本の子ども達の無垢の能力を信じます。」(「こころを育む総合フォーラムからの提言」平成19年1月31日発行)。

[3] 子どもの体力の低下と学級崩壊

　昨今、ゆとり教育により子どもたちの学力が低下した、あるいは規範意識が希薄化しているといった指摘がなされています。確かに、知識基盤社会と言われる21世紀において、わが国の子どもたちの学力や規範意識、やる気などを向上させることは大切ですが、同時に、統計上からみれば最近20年余の長期にわたり子どもの体力が低下していることに十分留意する必要があります。

　子どもの体力は昭和50年頃までは年々上昇していましたが、昭和50年頃から昭和60年頃までの約10年間はほぼ横ばいで推移し、昭和60年以降は長期低下傾向が続いています。平成19年度以降若干向上しています。今日の子どもたちの体力は、20年前、30年前、すなわちお父さん、お母さんが子どもだった頃の体力より低い状況にあります。

50m走の年次推移

	昭和50年	昭和60年	平成10年	平成19年	平成22年	平成25年
小学校男子	8.80秒	8.75秒	8.93秒	8.91秒	8.82秒	8.90秒
小学校女子	9.10秒	9.00秒	9.26秒	9.19秒	9.17秒	9.12秒
中学校男子	7.90秒	7.90秒	8.00秒	7.94秒	7.88秒	7.85秒
中学校女子	8.70秒	8.57秒	8.82秒	8.79秒	8.81秒	8.75秒

(注)小学校は11歳、中学校は13歳の数値である。
資料：文部科学省「体力・運動能力調査報告書」

また、学力や規範意識を高めるためには、やる気や、がんばる気持ち、がまんする力、思いやる心などが大切で、これらを育成するためにはその基盤としてしっかりした体力をつけさせることが不可欠ではないでしょうか。

　そして、体力をつけるためには、日々適切な睡眠、食事、運動(体を動かすこと)をすることが必要です。したがって、子どもの体力が低下している今日、大人が子どもたちに、このような生活習慣を小さい時から身に付けさせ、日々実践させることが求められています。

　また、わが国においては、昭和59年に臨時教育審議会が設置されて以来、その４次にわたる答申を踏まえて教育改革に取り組んできています。しかし、従来からの、いじめ、不登校、校内暴力といった問題に加え、平成10年頃から小学校における学級崩壊といった新たな問題が生じています。特に、この項で取り上げたいのは小学校１～２年生の学級においても、「授業が始まっても教室内を立ち歩く」、「私語が多い」あるいは「突然奇声を発したり、物を投げたりする」といった行為を繰り返す子どもが生じており、これらの子どもたちは教師が指導してもこれに従わず、このため授業が成立しないなど、集団教育という学校の機能が成立しない状況（学級崩壊）が生じているという点です。これは学校に入学する段階で、基本的な生活習慣等が確立されていない、言い換えるなら幼児期になされるべき躾が十分なされていない子どもが増加しているということではないでしょうか。

　これは、従来であれば、前述した通り生まれてから、まず、家庭でそして地域社会で、家族や地域の異年齢の子どもたちと、あるいは大人の方々に見守られ、一緒に遊び、あるいは喧嘩をしたりしかられたりしながら様々な活動をする中で、それぞれの発達段階において育成されるべき資質が培われてきました。しかし、核家族化、少子化、都市化、個人の権利意識の顕在化、他人からの干渉を嫌う傾向等価値観の多様化等、様々な社会の変化の中で、家庭や地域社会の中での人間関係が希薄化し、

教育力が低下し、従来のような成長過程に即した多様な活動を体験できない子どもが増加しています。

したがって、今日わが国の教育を改善し、知・徳・体のバランスのとれた心身ともに壮健な次世代のわが国を担う国民を育成するためには、各地域において、保護者はもとより地域の大人が協力・連携し、意図的・計画的に地域の子どもたちの様々な活動の機会や場をつくるなど、地域の子どもたちの教育に取り組むこと、言い換えるなら、地域の人々が協力して家庭や地域の教育力を高めることが不可欠となっています。

［4］「早寝早起き朝ごはん」国民運動

①国民運動がスタート

以上のように、①子どもの体力が低下しており、その向上のためには適切な睡眠、食事、運動が大切であることや、②近年小学校1～2年生の学級で学級崩壊が生じているように、家庭や地域の教育力が低下し、幼児期の基本的生活習慣の確立や躾が十分なされておらず、「地域総ぐるみ」での教育再生への取り組みが求められていることにかんがみ、文部科学省では、「早寝早起き朝ごはん」の励行など、幼児期からの基本的生活習慣の確立をめざして「子どもの生活リズム向上プロジェクト」事業を平成18年にスタートさせました。そして同時に、これを実際に国民運動として推進する母体として、「早寝早起き朝ごはん」全国協議会が設立されました。

同協議会は、有馬朗人元文部大臣を会長として、PTAや青少年教育関係団体をはじめ青少年の健全育成に関心をもつ様々な団体により構成されています（平成26年10月1日現在279団体）。

②脳の成長と「早寝早起き朝ごはん」

　「早寝早起き朝ごはん」がかなり広く保護者をはじめ、国民の方々に浸透した背景には、脳科学の役割が大きいと思います。すなわち、子どもたちの脳の発育にとって、「早寝早起き朝ごはん」といった基本的生活習慣の実践が大変重要であることが脳科学の面から立証されたからです。

　人間の脳神経は、12歳頃までにはりめぐらされてほぼ完成しますが、その成長にとって「早く寝ること」、「早く起きること」、「朝食を摂ること」さらには「読書をすること」が非常に大切だそうです。脳は、眠っている間に成長するそうで、脳には「海馬」という、いわば知識工場があり、眠るとこの海馬が活性化し、昼間経験したことを何度も再生して確かめ知識として蓄積します。そして、この海馬の働きを助けるメラトニンという脳内物質があり、このメラトニンは網膜が闇を感じた時に分泌され、特に夜の10時から午前2時までの間が分泌されやすいそうです。したがって、より良い脳を育て知識を蓄積していくためには、夜よく眠る、特に夜10時から午前2時までの間を含めて睡眠を確保することが重要となります。このメラトニンは子どもの身体的成長（性的発育を除く）を促す働きも果たすそうで、従来より「寝る子は育つ」と言われていますが、このこともこの脳内物質の働きにより裏付けられ、さらに「頭も育つ」ことが証明されたことになります。また、メラトニンは網膜が闇を感じた時に分泌されるので、暗くして眠ることが大切ですし、テレビやコンピュータゲームなどは寝る30分〜1時間前に終了させることが大切だそうです。

　次に、早起きの効果ですが、網膜が朝の自然の光を感じた時にセロトニンという脳内物質が分泌され、この物質は「充足感」をもたらすそうであり、「天然の抗うつ剤」と呼ばれているそうです。朝、自然の光を浴びることによりセロトニンが分泌されると、一日中充足感を感じやすい脳となるそうで、「やる気」を出させる源だそうです。セロトニンを

より多く分泌させるためには、①できれば6時頃に起き、②網膜が自然光を感じる場所で軽く身体を動かし（散歩、家事、体操等）、③朝ごはんを食べることが効果的だそうです。

また、朝ごはんは一日のエネルギーであり、特に脳は午前中に一番よく働くそうで、朝ごはんを食べないと、この時間帯に脳が働かないことになります。

以上のような理由から、子どもたちの脳を十分に成長させるためには、「早寝早起き朝ごはん」を日々実践することが非常に大切であることが検証されています。このことが、「早寝早起き朝ごはん」運動の中で保護者の方に広く浸透してきて、そのことにより「早寝早起き朝ごはん」を実践する家庭が増加しているのではないかと思われます。

なお、昔から日本では「早起きは三文の得」とか、「早寝、早起き、病知らず」などと言われていますが、英語にも「Early to bed and early to rise makes a man healthy, wealthy and wise.（早寝・早起きは人を豊かにし、賢くする）」という言葉があるそうです。

③運動の成果

「早寝早起き朝ごはん」運動がスタートして以来、文部科学省や「早寝早起き朝ごはん」全国協議会においても全国フォーラムの開催やガイドブックやチラシの作成・配布、キャラバン隊の派遣などを実施してきましたが、全国多くの地域や学校で、PTAをはじめ様々な関係団体等により、各地域・学校の実態に即しそれぞれ創意工夫しながら多様な取り組みが展開されてきました。その結果、朝食を毎日食べる割合が、平成13年度に比べ、平成26年度では小学6年生で14.5％、中学3年生で15.7％も向上しています（図1）。

また、ベネッセ教育研究開発センターの調査では、朝起きる時間や夜寝る時間など規則正しい生活リズムが身に付くように、子どもにしつけている保護者が、平成18年度をはさんで大幅に増加しています（図2）。

【図1】朝食を食べている児童・生徒の割合

■ 毎日食べている　■ どちらかといえば、食べている　■ あまり食べていない　■ 全く食べていない

【小学6年生】

	平成13年度	平成15年度	平成18年度	平成20年度	平成22年度	平成24年度	平成26年度
毎日食べている	73.6	75.4		87.1	89.0	88.7	88.1
どちらかといえば、食べている	17.6	16.7		8.3	7.4	7.4	7.9
あまり食べていない	5.4	5.0		3.7	3.0	3.1	3.2
全く食べていない	2.6	2.5		0.8	0.6	0.8	0.7

平成13年度 → 平成26年度：**14.5% UP!**

「早寝早起き朝ごはん」国民運動開始（平成18年度）

【中学3年生】

	平成13年度	平成15年度	平成18年度	平成20年度	平成22年度	平成24年度	平成26年度
毎日食べている	68.2	69.9		81.2	83.6	84.0	83.9
どちらかといえば、食べている	18.2	17.3		10.8	9.6	9.6	9.6
あまり食べていない	7.4	7.0		5.7	4.8	4.5	4.7
全く食べていない	5.6	5.5		2.3	1.9	1.8	1.8

平成13年度 → 平成26年度：**15.7% UP!**

出典：文部科学省「平成26年度全国学力・学習状況報告」を基に「早寝早起き朝ごはん」全国協議会にて作成
平成13、15年度の数値については、「小・中学校教育課程実施状況調査」の結果を基に「早寝早起き朝ごはん」全国協議会にて作成

PART 4　家庭教育と体験活動

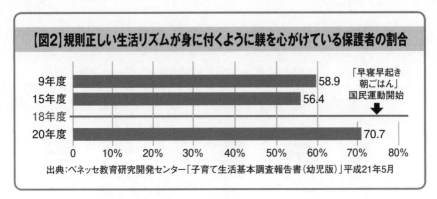

出典:ベネッセ教育研究開発センター「子育て生活基本調査報告書(幼児版)」平成21年5月

　さらに、公益社団法人日本小児保健協会では、昭和55年より、10年毎に夜10時以降に寝る幼児の割合について調査しており、平成2年、平成12年と漸次夜更しの幼児が増加してきましたが、平成22年の調査では大幅に改善され、1歳から5歳までの平均値でみれば、平成2年より減少しています（図3）。

　ただ、経年比較では改善されていますが、赤ちゃんの就寝時間の国際比較をみると、日本の赤ちゃんの午後10時以降に寝る割合は、46.8％となっており、他国に比べて格段に高くなっています。まだまだ、「早寝早起き朝ごはん」等の徹底が必要と思われます（図4）。

［5］読書・手伝い・外遊び

　上述のように「早寝早起き朝ごはん」運動が推進されていますが、子どもたちに基本的生活習慣として幼児期から実践させるべき課題として、さらに「読書・手伝い・外遊び」が挙げられるのではないでしょうか。まさに、知育・徳育・体育のバランスの取れた発育をめざすために、それぞれの分野の中核を占めるものと考えています。

　読書は、もちろん頭を鍛える上で欠かせない取り組みです。各学校では、朝の読書活動をはじめ、熱心に取り組まれていますが、幼児期の絵本の読み聞かせからスタートできれば、親子の絆の基礎を培う大きな取

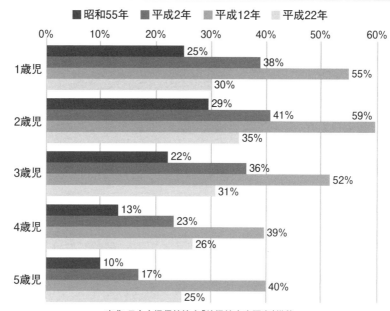

出典:日本小児保健協会「幼児健康度調査」推移
「平成22年度幼児健康度調査 速報版」小児保健研究 Vol.70,NO.3,2011 pp448-pp457

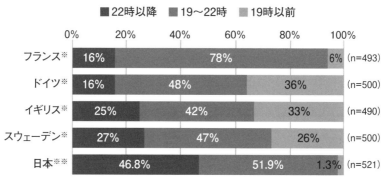

※P&G Pampers.comによる調査より（2004年3-4月実施、対象0～36か月の子ども）
※※パンパース赤ちゃん研究所調べ（2004年12月実施、対象0～48か月の子ども）

り組みとなるのではないでしょうか。また、明治大学の齋藤孝教授によれば、「読書とは他人の言葉（書いたもの）を黙って聞く（読む）ことであり、その人が何を伝えようとしているのかを理解（客観的に認識）し、受け入れる態度を身に付けることである」。すなわち、読書をすることは、他人に寄り添い、他人を理解しようとすることであり、他人を理解できる人は、他人に優しくできる人になることである、と言われています。まさに、読書は、コミュニケーション能力の基礎を培うものであり、社会性を育むものなのでしょう。

　次に、心を鍛えるためには「手伝い」をさせることが大切ではないでしょうか。ルソーは『エミール』の中で、子どもを不幸にするためには、子どもの望むことを親が全部やってしまえばよいという趣旨のことを述べています。幼児期の頃から、各家庭で手伝い、あるいは何らかの役割分担をすることにより、家族から「ありがとう」「助かったわ」「えらいね」などと感謝され、ほめられることにより、他人の役に立つ喜びを感じ、自分が必要とされる人間であることを認識させることが大切です。わが国の子どもは、諸外国の子どもに比し、自己肯定感や自尊心が弱いと言われていることからも、このような幼児期からの取り組みが求められているのではないでしょうか。

　さらに、体力を向上させるためには、やはり身体を動かすことが大切で、そのためには「外遊び」が欠かせません。子どもたちが健全に成長していくためには、失敗経験も含め様々な体験をしていくことが重要であり、「ケガ」は子どもの勲章です。大人は子どもたちに様々な体験をさせ、それを急がせず、見守ってあげることが大切だと筆者は考えています。

［6］「体験の風をおこそう」運動

　以上述べてきたように、子どもの成長にとって、日々の生活の中で

様々な活動を体験することが大切ですが、一方で子どもたちの自然体験や仲間との遊び、地域活動への参加など様々な実際の体験が減少しており、学力や規範意識のみならず体力も低下しています。

今日、子どもたちの知・徳・体バランスのとれた、心身ともに健やかな成長をめざすためには、生まれて以来、家庭や地域、学校でそれぞれ発達段階に応じた大人からの躾・教育とともに、子どもたちが様々な活動を体験できる場や機会の確保が必要であり、そのためには、地域の大人が、家庭や学校と十分な協力連携を取りながら、「地域の子どもは地域が育てる」との覚悟をもって意図的・計画的に取り組んでいくことが大切です。そして、行政はこのような取り組みを積極的に促進し、サポートしていく必要があります。まさに、「新しい公共」による子育て体験の整備であり、「民」主導の教育改革であると思います。

このような認識のもと、各地域での取り組みを国民の方々に広く呼びかけ、行政にも働きかけていきたいという趣旨で、平成22年5月「体験の風をおこそう運動推進委員会」が発足しています。同委員会は、国立青少年教育振興機構、自然体験活動推進協議会、全日本社会教育連合会、全国公民館連合会、全国子ども会連合会、ボーイスカウト日本連盟、ガールスカウト日本連盟等により設立されました。

●平成26年10月1日現在の構成団体（50音順）

ガールスカウト日本連盟	国立青少年教育振興機構	自然体験活動推進協議会
全国公民館連合会	全国子ども会連合会	全国スポーツ推進委員連合
全国ラジオ体操連盟	日本キャンプ協会	日本子守唄協会
日本体育協会日本スポーツ少年団	日本ＰＴＡ全国協議会	日本ユースホステル協会
日本レクリエーション協会	ボーイスカウト日本連盟	

同委員会では、特に10月を「体験の風をおこそう推進月間」と定めて、全国各地で子どもたちや家族が一緒に体験できるイベントやフォーラムを開催するとともに、子どもたちの健やかな成長にとって体験がいかに重要であるかということを広く家庭や社会に伝え、各地域で様々な体験

の機会や場の拡充に向けた社会的機運の醸成に取り組んでいます。

▶ 平成25年度体験の風をおこそう推進月間関連事業の参加団体数等
558団体(1,114事業)、参加者数200,691人

▶ 平成26年度の主な取組例(会場:国立オリンピック記念青少年総合センター、東京都渋谷区)

事業名(開催月)	事業概要
春のキッズフェスタ(5月)	都会の森で、子どもと家族が一緒に様々な活動や遊びを体験しました。
体験の風をおこそうフォーラム(9月)	日本体育大学の具志堅幸司さん、田中理恵さんから青少年期の体験の大切さについてお話を伺った後、子育てにおける子守唄の大切さについて理解を深めました。

平成26年度地域ぐるみで「体験の風をおこそう」運動推進事業の実施
- 北海道「体験の風をおこそう」運動推進協議会
- 静岡県「体験の風をおこそう」運動推進実行委員会
- 福岡県・佐賀県「体験の風をおこそう」運動推進実行委員会

北海道から沖縄までの計31の実行委員会が、それぞれの地域で本運動を推進するための様々な取組を実施しています。

文 ▶ **田中壮一郎** 国立青少年教育振興機構理事長

参考文献
▶『OPINION』国立大学協会情報誌 vol.13
　金澤一郎、社団法人国立大学協会(2009年)
▶『教育改革国民会議報告 教育を変える17の提案』
　教育改革国民会議、文部科学省(2000年)
▶『こころを育む総合フォーラムからの提言』
　こころを育む総合フォーラム事務局(2007年)
▶『生徒指導が機能する教科・体験・総合的学習』
　坂本昇一、文教書院(1999年)
▶『新教育基本法国会議事録集 上巻・下巻』
　社団法人日本弘道会、研究社印刷(2008年)
▶『逐条解説改正教育基本法』田中壮一郎(監修)、第一法規(2007年)
▶『平成22年度幼児健康度調査速報版』小児保健研究 vol.70(3)
　日本小児保健協会(2011年)
▶『早寝早起き朝ごはんガイド』「早寝早起き朝ごはん」全国協議会(2010年)
▶『赤ちゃんの睡眠に関する実態調査』
　P&Gパンパース赤ちゃん研究所(2005年)
▶『子育て生活基本調査報告書(幼児版)』
　ベネッセ教育研究開発センター(2009年)
▶『平成19年度体力・運動能力調査報告書』文部科学省(2008年)
▶『平成22年度体力・運動能力調査報告書』文部科学省(2011年)
▶『平成25年度体力・運動能力調査報告書』文部科学省(2014年)
▶『平成13年度教育課程実施状況調査(小学校・中学校)』国立教育政策研究所(2003年)
▶『平成15年度小・中学校教育課程実施状況調査』国立教育政策研究所(2005年)
▶『平成26年度全国学力・学習状況調査報告書[質問紙調査]』文部科学省・国立教育政策研究所(2014年)
▶『昭和50・51年度体力・運動能力調査報告書』
　文部省体育局(1977年)
▶『昭和60年度体力・運動能力調査報告書』文部省体育局(1986年)
▶『平成10年度体力・運動能力調査報告書』文部省体育局(1999年)
▶『文部時報』8月臨時増刊号 第1327号
　文部省大臣官房、ぎょうせい(1987年)

[2章] 体験活動の企画と展開

2章 PART 1 体験活動の企画と留意点

■[1] プログラム立案の基本

① 「何をするか」よりも「何のためにするか」

　体験活動は、単なる体験とは異なり、青少年の教育的な目的のために、(組織化された)体験を意図的に利用しようとするものです。したがって、体験活動のプログラム立案のためには、そもそも「何のために活動しようとしているのか」を意識することが大切です。

　このことは、体験活動においては、活動の内容自体が目的ではないということでもあります。例えば、学校の遠足で子どもたちを登山に連れていくのは、登山家を養成するためではありません。達成感を味わうことや、グループでの協力、忍耐力や体力の向上などを目的に行われるのが一般的でしょう。ということは、これらの目的が達成できるプログラムであれば、必ずしも登山でなくてもよいことになります。

　また、「グループをつくる時、年齢はタテ割りとヨコ割りのどちらがよいのか」といったことを質問されることがありますが、これもどちらが効果的ということではなく、活動の目的に合わせて選択されるべきものなのです。年長の子どもが年少の子どもの世話をする場面を作りたいと思えば、タテ割りのグループが適しているでしょうし、対等なグループの中での協調性やリーダーシップを伸ばしたいと思えば、ヨコ割りのグループが適しているはずです。

　つまり、ここで強調しておきたいのは、体験活動におけるプログラム

（何をするか）は、子どもたちに働きかけるための道具（＝手段）でしかないということです。プログラムを立案する際には、何よりも「何のためにするのか」という目的を明確にして、その目的（意図）に応じて、活動を選んだり、アレンジしたりすることが大切になります。

　しかし、体験活動のプログラムを立案しようとする時、ついつい「何をしようか」ということから考え始めてしまうのではないでしょうか。あるいは、はじめから「子どもたちと〇〇の活動をしたい」という思いが先行してしまって、その活動をすること自体が目的になってしまっていることも少なくありません。特に近年では、パッケージ化されたプログラムが広く紹介される中で、そうした使いやすいプログラムの安易な利用が増えているようです。

　体験活動が子どもたちへの教育的な働きかけである以上、そもそも子どもたちに、どのような学びや成長の機会を提供したいかを考えないままでは、何をするかは決められないはずですし、それを考えずにプログラムを実施しても、効果は期待できないのではないでしょうか。具体的なプログラムを決める前に少し立ち止まって、「何のためにするのか（何を大切にしたいのか）」を考えることを大切にしたいものです。

　プログラムの目的の設定にあたっては、第一に活動の前提となる条件を確認しておく必要があります。例えば、期間、対象、場所、予算等、すでに決まっている条件がある場合は、それらを踏まえた上でプログラムを決めなければならないでしょうし、決まっていなければ、目的に応じてそれらをどのように設定するかを検討しなければなりません。また、対象となる子どもや親のニーズが把握できているのであれば、それらをどこまで反映できるか（できないか）を検討しておく必要があります。

　第二に、中長期的な計画・目標との関連を考慮する必要があります。主催団体の掲げる理念やミッションなどがある場合は、それらと対立しないような目的にする必要がありますし、年間計画などの中長期的な計画がある場合には、それらにそって目的を設定しなければなりません。

また、定期的に継続して行う活動の場合には、前後の活動との整合性なども配慮する必要があります。

第三に、達成可能な目的を設定することです。ついつい自立心も協調性も忍耐力も、と様々な効果を期待したくなりますが、一つのプログラムで全てを網羅できるわけではありませんし、かえって狙いが不明確になってしまいます。一つのプログラムに一つの目的とはいかなくても、そのプログラムで特に何を大切にしたいのかは明確にしておきたいものです。さらに、どういう場面（発言、行動など）が見られれば目的が達成されたと言えるのかをイメージしておくと、目標が具体的になり、事後の評価などもしやすくなります。

②プログラム立案上の留意点

活動の目的を設定した上で、具体的にプログラムを立案していく際に留意すべき点として、以下の5点が挙げられます。

(ア) 子どもの興味に基づく

興味は楽しさの源です。子どもが「やってみたい」と思って活動に取り組んでいるかによって、体験の質は大きく変わります。もちろん、子どもがやりたいことだけをやっていればいいというわけではありませんが、子どもの興味を出発点に、徐々に興味を広げたり、深めたりできるプログラムが望ましいでしょう。冒頭にその活動の面白さを実感できるような要素を取り入れたり、やさしい活動から徐々に難しい活動になるような進行をしたりといった工夫が考えられます。

(イ) 苦手な子・初めての子に合わせる

子どもが「できること」には差があります。特に「自分だけができない、分からない」といった状況は、子どもにとって不安が大きいものです。できないことへのチャレンジを促すことも大切ですが、子どもたちの不安や緊張の強いプログラムの序盤では、ひとり一人がきちんと活動に参加できるような配慮をしたいものです。特に、定期的に継続する活

動などでは、慣れている子どもと初めて参加した子どもとの差が出やすいですから、初めての子どもが無理なく入っていけるような説明や内容にすることが大切です。

(ウ)活動を詰め込み過ぎない

　子どもに体験させたいことが沢山あると、ついつい活動を詰め込んではいませんか。せっかくの体験活動が忙しいものとなっては、子どもにとっても嬉しくないでしょうし、そもそも、ひとつ一つの活動にじっくり取り組めなくなってしまいます。繰り返し述べてきたように、そもそも「何をするか」は子どもたちに働きかけるための手段でしかありませんから、目的に応じて活動を精選していくことが大切です。また、休憩や自由時間がほとんど用意されていないプログラムを見かけることがあります。子どもの体力面、安全面を考慮する意味でも、また、子どもが自分のペースで自由に活動できる時間を確保する意味でも、こうした「すき間」の時間がきちんと設定されているかも、予め確認しておく必要があります。

(エ)起承転結を意識する

　一つのプログラムは、一般に複数の活動（アクティビティとも呼ばれます）の組み合わせによってできていますから、プログラムを立案する際には、どのような活動をどのような順番で組み合わせるかが重要です。初めて出会う子どもが多く、緊張感が高いことが想定されるのであれば、メインの活動に入る前に、緊張感を和らげたり、お互いが知り合えるような活動を取り入れたりするのが有効でしょうし、体験を通じて学んだことを意識させるのであれば、活動の後に感想を述べ合うなど、その活動を振り返る時間を取ることが効果的です。プログラム全体の流れを意識して、より効果的に目的が達成できるように活動を配置していくことが大切になります。

(オ)安心・安全が守られる

　安全に活動が行われることは、体験活動を行う上での絶対条件です。

活動に伴うリスクを最小限に抑えるとともに、実際に事故が起きた時の対応をきちんと想定しておく必要があります。プログラムの立案においては、大きな事故をいかにして未然に防ぐかが重要ですから、実施場所に危険な場所がないかを確認したり、近隣の医療機関を調べたりといった事前準備が重要になります。また、物理的な「安全」だけでなく、心理的に「安心」できる環境であることが「安全」にもつながりますから、子どもたちが安心して活動できる環境づくりを心掛けたいものです。

[2] 目標の共通理解と組織の検討

①プログラム運営の基盤づくり

　体験活動プログラムの実施・運営は、組織的に行われることが一般的です。プログラムを効果的かつ効率的に実施・運営するためにも、その基盤となる組織の力を高めておくことが重要になります。

　プログラムの実施・運営に向けて、組織の力を高めるためにできることとして、以下の四点が挙げられます。

　第一に、プログラムの目的を共有することです。前節で見たように、体験活動プログラムの企画においては「何をするか」よりも「何のためにするか」が重要な意味をもちます。しかし、せっかくプログラムの目的を設定しても、それが指導者の間で共有できていなければ意味がありません。準備段階においては、何のために、何をめざしてプログラムを行うのかということについて、組織の中できちんと共通理解しておく必要があります。

　共有すべき目的には様々なレベルがあります。実施団体の理念やミッションといった抽象的な方向性のレベルから、個々の活動でどのような状況を作り出したいのかといった具体的な目標のレベルまで、それぞれの水準で目的・目標を共有する必要があります。これらは、企画が始ま

る以前から決まっている場合もあれば、組織ができてから決めていく場合もあるでしょう。後者の場合には、目的を決めていくプロセス自体が、大切な組織づくりの場面になります。

　第二に、スタッフの役割を明確にすることです。比較的規模の大きいプログラムの運営では、指導者の間で役割分担が行われることが一般的です。組織キャンプなどでは、キャンプ全体を統括するキャンプ・ディレクターのもと、プログラムを担当するスタッフと、マネジメントを担当するするスタッフが分かれ、前者はさらに子どもとかかわる役割と、プログラムの進行を担当する役割とに分けられることが多いようです。また、プログラムの特色に応じて、食事の準備を担当するスタッフや、医療面でのサポートを担当するスタッフ、子どもとかかわるスタッフに助言を与えるスーパーバイザーなどの個別の役割が置かれることもあります。同じ役割を複数の人が担う場合は、それぞれの責任者が置かれることも多いでしょう。

　こうした役割分担は、プログラム運営の質を高めるだけでなく、事故やトラブルが起きた際に適切に対応し、指揮系統とそれぞれの責任の範囲等を明確にしておくことにもつながるものです。特にボランティアの指導者が多く含まれる組織においては、責任や裁量が不明確になりがちですから、こうしたことに留意しておく必要があります。

　第三に、プログラムの実施に必要な知識やスキルに関するトレーニングを行うことです。様々なプログラムを運営していく上では、それぞれに関連したスキルが必要ですし、参加者との「かかわり」についての専門性も求められます。危険を伴うプログラムにおける安全管理や、障害をもった子どもたちに対する支援といった場面では、スタッフ側に一定の知識やスキルがなければ、プログラムの実施すらできません。各指導者がプログラムに応じて事前に適切なトレーニングを受けておく必要があります。団体内で行うトレーニング以外にも、青少年教育施設・団体等で、様々な指導者研修が行われていますから、こうした機会を積極的

に活用したいものです。

　「トレーニング」というと、実践を離れた場での「研修」のイメージが強いかもしれません。指導者のトレーニングを考える時、大切になるのは、「プログラムの実施・運営に参加すること自体が一つのトレーニングの場となる」ということです。企画段階の会議から、事後の評価までのすべてのプロセスが、指導者にとっては経験を積み重ね、学びやトレーニングの場となり得るものですから、そうした視点でプログラム全体が運営されることが大切です。

　実践の中での学びを有意義なものにするためには、指導者自身が自分の経験を評価したり、振り返る機会を定期的に設けることが大切でしょうし、振り返りを促したり、適切な助言をしたりできるスーパーバイザーの存在が大きな意味をもちます。

　第四に、実施後に評価を行うことです。評価をきちんと行うことで、プログラムの目的がどの程度達成されたか、次回に向けた改善点は何か、などが明確になるだけでなく、組織としては活動の目的を再確認することにもつながります。

　評価は単に「無事に終わったか」どうかを確認することではありません。プログラムがスムーズに進行したか、事故がなかったか、ということ以上に、企画の段階で想定していた目的・目標が、どの程度達成できたのかを検討することが大切です。もちろん、体験活動のプログラムは、テストのように結果が点数で測れるものではありませんし、薬のようにすぐに効果が表れるものでもありませんから、評価をするのは容易なことではありません。しかし、体験活動においては「何をするか」よりも「何のためにするか」が重要である以上、当初の目的が実際のプログラムの中でどの程度達成できたかを考えることは不可欠です。参加者へのアンケートなども、評価の質を高め、より多角的な視点から評価を行うための有効な方法だと言えるでしょう。

②ボランティアの参加と「成長の循環」

　子どもの体験活動のプログラムの中には、ボランティアがかかわって運営されているものが多くあります。指導者全員がボランティアということもあるでしょうし、プログラムを実施する機関・団体に所属する有給のスタッフを中心に、ボランティアの協力を得てプログラムを運営している場合もあります。ボランティアの参加は、子どもの体験活動の現場で伝統的に大切にされてきました。

　体験活動プログラムが伝統的に多くのボランティアによって支えられてきたのは、人手不足を補うためばかりではありません。指導者としての活動を通じて新たに学んだり、自分の経験を活かしたりするといった、ボランティア自身の成長を支援することも、こうしたプログラムの意義の一つだと考えられてきたのです。もちろん指導者の成長がプログラムを行う第一の目的ではありませんが、体験活動のプログラムにおいては、高校生や大学生といった成長過程にある青年たちが指導者になることも多いですし、参加者だった子どもが指導者となって戻ってくるといったことも少なくありませんから、子どもたちの成長にかかわる中で指導者自身も成長していく「成長の循環」という視点は、こうしたプログラムの中でも特に大きな意味をもつものです。

　一方で、先に述べたように体験活動の指導者には様々な専門性が求められるのも事実です。しかし、ボランティアの指導者が多くを占める組織では、ひとり一人の指導者がプログラムに必要な専門性を身に付けていくのは容易なことではありません。このように、体験活動のプログラムにおいては、ボランティアのかかわりや成長が大切にされてきた一方で、ボランティアの指導者にある程度の専門性を求めざるを得ないといった一種のジレンマが生じることになります。

　ここでの問題は、プログラム運営におけるボランティアの「参加と責任のバランス」だということができます。ボランティアの成長を支援し

ながらも、ボランティアがかかわることのリスクを最小限にするため、ボランティアとしてどこまで参加が可能で、どこまでの責任が負えるのかが常に意識されなくてはなりません。また、ある程度の裁量をボランティアの指導者が担う場合、助言や支援を行うスーパーバイザーを配置するなど、組織の中に支援体制を構築することも有効です。

　また、すでに見た指導者トレーニングや、事後の振り返りは、指導者自身の成長の支援と、指導者の質の確保とを両立させるための仕組みとしても捉えることができるものです。トレーニングや評価の中にも、ボランティアとしての成長という視点を意識し、それらが単にスキルアップのためだけではなく、指導者としての経験を通じて、自分の成長の実感や、経験を自分なりに意味付けられるプロセスにしていくことが大切です。

文▶　**青山鉄兵**　文教大学人間科学部専任講師

2章 PART 2 体験活動の展開と留意点

■［1］事前準備と留意点

　体験活動の展開は、事前準備に始まります。指導者が十分に事前準備を行い、安心して体験活動の当日を迎えられれば、その体験活動の90％は既に成功したと言えます。事前準備がしっかりできていればこそ、当日の体験活動にゆとりをもって望むことができ、柔軟に対応することができるからです。

　体験活動の事前準備は沢山ありますが、その中で特に重要なものを四点挙げたいと思います。

　一点目は、実地踏査です。机上で企画した内容が実際にできるかどうかを確認するために、事前準備は極めて大切です。例えば、登山活動では登山コースや危険個所の確認のために実地踏査を行います。実地踏査をすることにより、崖崩れ等で登山コースの一部が通れないことが分かれば、コースの変更をしたり、別の活動に変更したりします。従って実地踏査をしないで自然体験活動を行うことはあり得ないと言っても過言ではありません。

　また、宿泊を伴う活動においては、宿泊場所の収容人数や広さの確認を行うことにより、参加人数を変更することも必要になります。

　二点目は、体験活動の広報です。どんなに良い企画を考えても、子どもたちが参加してくれなければ何にもなりません。そのためには、遅くとも、事業1か月前には子どもたちの手に募集チラシ等の広報紙が届いていることが必須です。事業日の間際になって広報し、参加者が集まら

ないと悩むのは当然の結果と言えましょう。

　また、募集チラシには、参加者にとって必要とされる情報が記載されていなければなりませんが、文字の羅列だけではなく、イラストや体験活動の内容が分かる写真を入れるなど、デザインにも人目を引く工夫が必要です。募集チラシに掲載する内容として、①主催団体名、②体験活動名、③活動日時、④活動場所、⑤主な活動内容、⑥指導者名、⑦募集対象・人数、⑧申し込み・問い合わせ先、⑨参加費、⑩共催・後援、などが挙げられます。また、チラシ裏面を使ってFAX用の申し込み用紙とすれば紙面の節約にもなります。

　無料のフリーペーパーを広報に利用する方法もありますが、掲載を依頼する場合は、締め切りが事業開始の２か月前、３か月前ということも多いので、依頼は早めにする必要があります。またスペースの関係で掲載内容も限られることが多いですから、何を一番に掲載してほしいのかを明確に伝えることが大切です。

　三点目は、プログラムスケジュールや参加者に配布する「しおり」の作成です。プログラムスケジュールは、体験活動を行う際には必ず作成する必要があります。指導者・スタッフそれぞれの役割分担を書き込むことで、活動中の指導者・スタッフのひとり一人が役割について共通理解を図ることができます。また、指導者にとっては、プログラムスケジュールを作成することによって、活動全体が頭の中に入るというメリットもあります。何回も漏れ落ちがないか複数の目で確認し、他の指導者やスタッフのアドバイスも取り入れながら精度を高めるようにすることが大切です。

　プログラムスケジュールが完成したら、参加者に配布する「しおり」を作成します。参加者が「しおり」を見て時間に遅れることなく活動場所へ移動したり、次の活動内容の準備ができるようにしたりするために、時間と活動内容は必須です。

　特に「しおり」作成で注意しなければならないことは、参加者の子ど

もたちの名前の確認です。子どもたちは、自分の名前に誇りをもっており、非常に敏感です。参加する子どもたちの名前を読み間違わないようにするために、ルビをふっておくのも良い方法です。

　四点目は、ボランティアスタッフの確保・養成です。宿泊を伴う体験活動の中でも特に長期の体験活動の場合には、参加者の子どもたちの生活面をサポートするボランティアスタッフが必要となります。ボランティアスタッフには、子どもたちと年齢が近い大学生等が多いのですが、事業を運営する主催団体が独自でボランティア養成をし、事業遂行に必要なボランティアを登録・確保していない場合は、ボランティアスタッフの募集を行わなければなりません。

　大学生の夏休みはおよそ8月～9月ですが、試験等があり8月の前半はなかなか日程が合わないことが多いため、ボランティアスタッフの募集は早めに行うことがポイントです。早めに行わないと活動当日になっても班をサポートするスタッフが足らないという大変な事態が起きる恐れもあるからです。

　もちろん、人数だけ足りていればいいというものではありません。体験活動に初めてボランティアスタッフとして参加する人もいると考えられることから、事前研修を実施することが望まれます。しかし、現実にはボランティアスタッフ全員が集まれる日をなかなか設定できないことから、多くは体験活動の前日にスタッフ研修を行っているようです。単なる活動当日の流れの説明だけでなく、研修内容として、少なくとも①担当する参加児童の理解、②体験活動内容の理解、③体験活動場所の安全確認の3つを入れる必要があります。

　体験活動の事前準備は、これだけで良いと言うわけではありません。

指導者が納得するまで準備を行って、活動日当日は笑顔で過ごせるようにしたいものです。

［2］体験活動の効果的な展開と留意点

　体験活動の内容は、「体験活動の目的」を達成するための手段に過ぎないことを忘れてはならないでしょう。企画した体験活動を進めることに注意がいきがちですが、そうならないように指導者全員が事業の目的を十分に理解し、それを実現することを基準に判断・決断していく必要があります。事業を一人で運営実施することは不可能に近いことですから、指導者間の「体験活動の目的」の共通理解が必要となるのです。

①体験活動の選択と子どもたちの参画

　体験活動をより効果的に展開するためには、どのような活動を選択するのかといった、体験活動の選択の問題が挙げられます。

　特に、自然を相手にする自然体験活動においては、天候によりプログラムの変更をしなければならない場合があります。そうした事態に備えて雨天プログラムを事前に準備しておくことが必要となります。その場の状況に応じて、臨機応変に体験活動を選択できることが指導者として求められます。

　また、参加者の子どもたちが、体験活動を自主的に選択できるようにすることも大切なポイントです。指導者が決めた活動にただ参加しているだけでは子どもたちはどうしても消極的になってしまいます。積極的に子どもたちが活動に参加するためには、自分の意思で活動を選べるよう配慮することは教育効果を高める上で大切なことです。

　特に日帰りや宿泊日数の少ない体験活動では、子どもたちが活動を選ぶ時間的余裕のないことが多いようですが、以下に短期の活動でも取り入れられる体験活動の選択の事例を三点紹介します。

(ア) 野外炊飯メニューの選択

　体験活動の選択の初めの一歩として、例えば、野外炊飯のメニューをグループごとにカレー・焼きそば・豚汁の中からメニューを選択させることからはじめてみてはどうでしょう。メニューの選択は、体験活動そのものの選択ではありませんが、学校行事などで体験活動を実施する場合に取り入れていることが多いようです。事前にメニューの食材を注文しなければならないため、事前学習の際に決めてしまう必要があります。当日メニューを選択する場合は、予め指導者がいくつかメニューを注文しておいて、その中から選ばせるのも一つの方法でしょう。

(イ) クラフトの選択

　青少年教育施設などでは、壁飾り・竹とんぼ作り・キーホルダー作りなど様々なクラフト活動の中から、選択することができます。この場合はグループごとではなく個人個人で選択することが多いようです。それでもクラフトキッドの費用がかかるため、事前に申し込む必要があります。当日クラフトを選択する場合は、先のメニュー同様に指導者がいくつかクラフトキッドを注文しておいて、その中から選ばせることが良いでしょう。

(ウ) 展開方法の選択

　体験活動の選択の一つの方法として、体験活動全部を選択させるのではなく、体験活動の一部を選択させることもあります。

　オリエンテーリングやハイキングなどは、活動内容としては決まっていますが、「どのコースから回るか」「どこで昼食を食べ、休憩を取るか」などをグループの子どもたち全員で話し合って決めることができます。

　1枚の地図を見ながら、みんなで話し合って決めれば、自分たちが決めたコースだから、やらされているのではなく、主体的に子どもたちが活動に参加すると思います。

　当日、子どもたちが選択する場合には、子どもたちが話し合ったり、

考えたりする時間の余裕が必要となります。そのため指導者は、事前に子どもたちの話し合う時間をタイムスケジュールに設定しておかなければなりません。その時間を設けていないと活動時間が短くなり、次の活動時間にかかってしまうなど支障がでます。

　指導者がゆとりを失うと体験活動そのものに余裕がなくなり、事故も招きやすくなりますので注意しましょう。

　長期の自然体験活動の場合、活動内容を予め決めず、参加した子どもたちが話し合いながら、明日どんな活動をするか決めていくという例もありますが、まだまだ数は少ないようです。

②自由時間の設定や場の確保

　体験活動を効果的に進めるには、子どもたちが交流する自由時間の設定や場の確保が挙げられます。参加者同士のコミュニケーションが十分に取れ、子どもたち同士で協力的な関係を築くことが体験活動には必要です。そのためにも、初めから自由時間を設定しておくことや活動と活動の間の時間に余裕を取ることが大切です。

　長期の自然体験活動などは、時間に余裕があるので子どもたちの昼寝時間や自由時間を設定することができますが、短期の場合や日帰りの活動では意図的に自由時間を設定することは難しいかもしれません。しかし、食事の時間や就寝までのわずかな自由時間でも、子どもたちにとっては自主的に遊べる空間であり、新たな人間関係を作るための大切な時間となります。自由時間が子どもたちにとって楽しく有意義であることは言うまでもありません。

　小学校低学年対象の短期の自然体験活動のボランティアスタッフが上手に自由時間を創り出していた事例を紹介します。

　低学年ということと短期ということから、プログラムは、はじめからゆとりをもって組んでいましたが、子どもたちはグループリーダーであるボランティアスタッフと自由な時間を過ごしたくて仕方ありませんで

した。就寝時間を早めに設定していたため、朝は早起きすれば比較的余裕ができます。ボランティアスタッフが子どもたちと話し合い、子どもたちは、その朝の時間を利用して自由に散歩がしたいと伝えてきました。これは、主催者がねらいとした「自主性を育てる」ことに通じるとともに、決められた活動以外の体験する場として有効だったと言えます。

このように子どもたちが楽しく自主的に過ごすことは、活動全体に影響してくることでもあります。指導者が考え、用意した体験活動以上に、自分たちで考えて行動するということは、参加した子どもたちの記憶に残ります。子どもたちが考え、行動する時間的余裕と場を作っておきたいものです。

③指導者による観察

子どもたちの安全を確保するとともに、子どもたちの成長や集団形成の過程を把握して活動を進めるためには、子どもたちの観察が大切です。観察の留意点として二点挙げたいと思います。

(ア)子どもたちの心身の観察

初めて活動に参加する子どもたちは、不安や心配をもっていることが多々あります。そのため、指導者は子どもたちをよく観察することが大切です。指導者は、新しい人間関係を築くことが苦手な子どもや体調を崩す子どもがいた場合は、子どもの心の安全管理に気を配らなくてはなりません。子どもたちの表情・視線・発言・動きを観察することで指導者は、体調不良や不安や心配を抱えていないか、グループの友だちとの関係はどうか、活動を楽しんでいるか等、ある程度察知することができます。

しかし、活動に夢中になると子ども自身が体調不良に気付かないという場合もあります。高学年の場合は、みんなに心配をかけたくないために何度聞いても「大丈夫」と答える場合もあります。その場合、指導者は発言だけでなく、上記の表情・視線・動きのひとつ一つをよく観察し

子どもに無理をさせず十分休ませるようにすることが必要です。

(イ) 観察による評価

　体験活動中の観察の留意点は、健康面だけではありません。観察を通して体験活動の評価を行っている事例を紹介します。

　ある青少年自然の家が実施した低学年対象の体験活動では、活動のはじめに子どもたちに3つのめあて、「あいさつをしよう」「自分のことは自分でしよう」「みんなで協力しよう」をもたせていました。そのめあてにそって活動できたかどうかをボランティアスタッフが、グループの子どもたちの行動をよく観察し、子どもたちひとり一人のカードに励ましの言葉を書くことで、子どもたちの活動を評価に結び付けることができました。

　子どもたち自身も「がんばりカード」にシールを貼り、活動の意欲化につなげていきました。

　生活面をサポートするボランティアスタッフは、ただ一緒に遊ぶだけでなく、子どもの行動を観察し、活動のめあてが守られていたかなど、めあてにそった評価をすることも重要となります。

④ 活動後の留意点

　体験活動には準備が大切であることは先に記しましたが、実際の活動が終わってからの取り組みもまた大切です。特に重要点を三点挙げます。

　一点目は、活動の反省会です。これは活動終了後、最初にすることです。活動にかかわった全ての人から、「体験活動の目的」にそって評価してもらうことで、活動の成果・課題を明らかにするための会です。特に子どもたちの生活に直接かかわったボランティアスタッフの意見は、次回の事業に向けた貴重な改善材料となります。活動が終了するとそのまま解散してしまうことのないようにしたいものです。遠くから参加しているボランティアスタッフもいるので、どんなに疲れていてもその場ですぐに行う必要があります。そして、この成果・課題の記録を残して

おくことが必要です。もし、次回担当が変わっても記録に残すことで、スムーズに活動の引き継ぎができるはずです。

　二点目は、会計処理です。団体の中には、指導担当と会計担当が別という場合もあると思います。しかし、参加者から費用を徴収している場合、助成金などの公金を貰っている場合など、自分の私財で活動を行う以外は早急に会計処理をしなければ団体としての信用を失うことにもなり兼ねません。指導者の中には、活動は好きだが、会計は苦手という方もおりますが、体験活動のマネージメントには会計処理も入っていることを忘れてはなりません。

　三点目は、活動物品の整理です。今回の活動のために購入した物だけでなく、既に団体で所有している物品の数の確認および修理等をすぐにしておくことが大切です。これを先のばしにしておくと必要な時に数が足りない、使えなくて困ったという状況になるので注意が必要です。

　このように活動の展開とは、当日の活動だけを指すのではなく、事前準備・当日の活動・活動後と３つがセットであることを、指導者はしっかり覚えておいてほしいと思います。

文▶　**松村純子**　国立青少年教育振興機構
　　　　　　　　　教育事業部企画課長

2章 PART 3 体験活動の安全確保

■[1] 事前打合わせと踏査

　子どもたちに感動を与え、安心安全な活動とするためには、事前打ち合わせ及び実地踏査を踏まえて、実施までに必要な準備を十分にしておく必要があり、そのポイントは、
①実施計画の策定
②指導者（引率者）の指導力、安全管理能力
③参加者の資質能力と経験度
④体験活動の目的
⑤安全マニュアルの有無（作成状況）
⑥救急体制
⑦情報の種類と収集量
の7種類です。

①実施計画の策定

　例えば2泊3日であれば、出発と帰着、宿泊施設、活動プログラムといったトータル的な実施計画と、体験活動等のプログラム実施計画などがあります。
　学校の移動教室などで時々見受けられますが、心配なのは、前年と同じ計画で実施しようとするケースです。
　児童生徒にとっては二度と経験できないたった一度だけの機会であり、参加する児童生徒の実態も毎年違うことから、例え同様の活動内容であ

っても、例年の計画を参考にしながらあらたな実施計画を策定したいものです。

また、計画の策定に当たっては、活動内容のほか指導体制や現地の様子などをもとに危険要素を探り出し、危険回避または危険排除に向けた十分な検討がなされる必要があります。

また、楽しい活動に目が行きがちとなり、活動の目的・趣旨を明確にしながらも、時期、場所、規模、プログラムなど具体的な内容に意識が集中してしまいがちです。

しかし、忘れてならないのは、安全がすべての土台であり、参加者の実態や安全対策を明確にした計画の策定です。

また、策定された計画は、企画段階での一次的な「選択」であり、現地での打合わせと実地踏査によって、危険回避など計画変更ができるよう常に柔軟な対応を意識することが必要です。

【ポイント】
● 計画案には柔軟性が必要であり、できたら２案以上を検討し準備すること。
● 晴天時の計画案に加え、荒天時の代案を用意すること。

②指導者（引率者）の指導力、安全管理能力

どのような活動を行うのか、またどのような参加者なのかにより、指導者に求められる指導力は異なりますが、安全管理能力は常時より高いものが必要です。指導者は、常に指導力とともに安全管理能力の向上に努める必要があります。

特に安全管理能力には、リスクマネージメント（事前の危険対策）とクライシスマネージメント（緊急時の危機対応策）があり、常に危険があることを意識していくことが必要です。

リスクマネージメントのポイントは、実施場所や活動内容などの中に、事前にどれだけの危険要因を発見できるかです。これも指導者の経験知

に大きく左右されますが、事前に十分な情報を集め、検討しておく必要があります。

　その上で、事前打合わせや実施踏査を通じて、地元の関係者や専門家とともに現場を見て、歩き、より多くの危険因子の発見に努め、危険回避や予防のための適切な対策を講じることが必要です。

　もちろん、安全対策を講じたから安心・安全であるとは言い切れません。実施踏査とは時期も季節も参加者の状況も違うので、まだまだ発見できていない危険があることを常に意識していることが重要です。

　また、クライシスマネージメントのポイントは、人数の把握です。例えば、移動教室の始まりである学校での出発式と、終わりである学校での帰校式や解散式で、参加した子どもの人数が違うことがあってはならないことです。

　事故が起きた時、何人が避難できて、何人怪我をして、何人が行方不明なのか。それは何時の時点で把握された人員数なのか。事案発見・人員確認が遅れれば遅れるほど、事態は深刻なものとなってしまいます。

　その他、事故が発生した時の対応には、止血や救命救急など様々なことがありますが、大切なことは他の参加者等の安全を確保し、動揺を抑え、平静を保ち、記録を一部始終とることです。

【ポイント】

- 危険箇所（崩れや落石などの崖、漆や蜂など危険動植物ルート外の獣道など）の発見と避難路の確認、危険物の事前の除去などを行うこと。
- 出発・休憩時、活動前後の人員確認方法（バディシステム等）を明確にすること。

③参加者の資質能力と経験度

　時々指導者の方々から、多少の苦労や怪我をしてもチャレンジすることが大切であると聞くことがあります。しかし、そのチャレンジには、必ず安全のための対策と、参加者の実態や経験が十分に把握されている

という裏づけがあってのことです。

　参加者の実態、健康状態、経験などを十分に捉えた計画でなければなりません。そして、活動中は、常に参加者の表情、言葉、歩き方、休憩時の様子、飲食の状況などを観察し、状況に応じた対応が取れるようにしておくことが必要です。

　例えば、夏場だけに限らず起こり得る熱中症の発症は、参加者の「大丈夫」という言葉にこそ注意することが肝心です。

【ポイント】
- 参加者の健康調査によるカルテなどを作成すること。
- 参加者の顔色、歩き方、摂取水分量などを毎時チェックし、早期の対応を図ること。

④体験活動の目的

　体験活動の目的には、三つの見方があります。

　一つは体験そのものを目的とする活動。二つ目には体験を通じて学習させる活動。三つ目には体験を学習方法とする活動です。企画・実施者として、参加者にも何を目的とするか明確に周知することが必要です。

　また、活動途中で目的や方法などを突然変更した時に、事故の発生が多いことも留意しておくことが必要です。

【ポイント】
- 予定外の活動の継続「もうちょっと」が事故の元となることを自覚すること。
- 予定した活動中でも天候や参加者の健康状態が悪化したら、すぐに中止して慌てず退避（山なら下山、海なら上陸）すること。

⑤安全マニュアルの有無

　体験活動を実施するに当たって事前に、実施上の留意点、実施可または不可の判断基準、実施方法、安全対策、避難方法、緊急時対策など、

活動参加者の安全確保のために、想定される事態を念頭に、その時々の対応策を定めた安全マニュアルを整備することが重要です。同じグループにあって、指導者（引率者）によって指導や注意が違うことは、参加者の大きな不安や不信感につながります。

また、参加者にとっても安全マニュアルが重要であり、もしもの時の対応方法などを指導者用マニュアルに準じて作成し、参加者ひとり一人に理解させておくこと大切です。

【ポイント】
●指導者（引率者）全員が必ずマニュアルを理解し履行すること。
●参加者に予定と緊急時対応を周知する。

⑥救急体制

事故が発生した時は、応急手当はどのようにするのか。また、誰にどのような段取りや手法で通報し、搬送するのかなどが、安全マニュアルに掲載すべき内容ですが、現場の状況や指導体制と合わせて事前に検討しておくことが重要です。

例えば、通報方法として、携帯電話が多く使われるようになりましたが、山中では通じないことがまだまだあります。また、場所によっては救急車や救急隊を要請しても、到着までの時間や、ルートに困難を要する場合があります。そのような難しい場面を想定した救急体制についても十分な検討が必要です。

【ポイント】
●指導者全員の携帯電話には、医療機関番号、地元消防・警察署（駐在所）番号、宿泊施設番号を登録し、参加者の名簿（氏名、緊急連絡先、住所）を保持すること。
●指導者全員が地図（ルートマップ）をもち、現在位置を常に確認すること。

⑦情報の種類と収集量

どんな情報を集める必要があるか、どのように集めるかなど、これまでの①〜⑥の事項を参考に検討しておく必要があります。

例えば、実施前ならば気象情報、登山ならルートの危険箇所と所要時間、参加者の体力や所持品、休憩場所、トイレなどです。また、実施中ならば参加者の顔色や歩行状況からの体力や健康状態、引率者相互の情報交換方法などです。

安全な体験活動を企画・実施するために、これ以上集めるべき情報、注意事項はないという意識は禁物です。また、ただ集めれば良いというものではありませんが、想定外を少しでも減らす事前の準備、情報収集は指導者として、子どもの命を守り、充実した感動のある体験活動の機会と場を提供するために、常に意識していかなければなりません。

【ポイント】
- 活動すべての土台は安全であり、安全で始まり安全で終わること。
- 海でも山でも指導者は常に参加者を視野に入れ、参加者の状態や隊列等の位置を把握し続けることができるよう指導者を配置すること。
- 事故発生時には、必ず写真、スケッチ、証言など、時間と場所、対応者などを明確にした、事実のみによる時系列記録を作成すること。

[2] 緊急時マニュアルの整備

国立青少年教育振興機構の各施設では、実施前の実施判断や危険を伴うことがある活動プログラムごとに「危険度の高い活動プログラムにおける安全対策マニュアル」を作成し、利用団体に対して指導助言を行っています。

緊急時マニュアルは、事案が起きた時の対策だけではなく、事案が起きないよう事前の対策マニュアルでもあるべきものです。主な内容は以

下の通りです。

①活動実施の可否基準▶判断者、判断のための気象状況、可否基準等
②安全管理体制▶指導者・引率者の配置・人数・分担、連絡体制、準備物品・装備等
③参加者の把握▶健康状況、名簿等
④安全指導▶事前指導、緊急時避難方法、用具の使用方法等
⑤事前管理体制▶実地踏査、指導者研修、マニュアル整備等
⑥緊急対応処置▶事故防止策、救急活動、情報管理、連絡方法等

　以上のことについて、「危険度の高い活動プログラムにおける安全対策マニュアル」の例です。
　また、マニュアルは作成したら、その通り実施できることが重要です。できないマニュアルはないも同じことです。参加者の命を守り、企画・実施者を守る実施、実践できるものにしましょう。

※ポイントとなる項目には、例示を示しています。

活動名	登山活動プログラム
項目	具体的内容
[1] 活動の実施の可否基準	(1) 判断時期 ○目安として活動開始2時間30分前 (2) 判断者 ①実質的な責任者 ②可否の判断を決定する手順 　ア．インターネットで気象状況をチェック 　イ．気象状況が判断基準値に合っているかチェック 　ウ．判断基準マニュアルに照らし、可否をチェック (3) 気象状況の把握

	○インターネット（地方気象台ＨＰ）及び落雷感知器等で気象情報をチェック ○必要に応じて他の機関から気象状況等の情報を入手 **(4) 実施の可否基準** ①活動前に中止する基準 　ア．雨量、風速 　イ．警報（大雨・洪水・雪崩・暴風・雷） 　　注意報（大雨・洪水・雪崩・暴風・雷） 　ウ．24時間以内に台風、著しく気圧の変化 ②活動中に中止を判断する基準 　○気象が急変した場合 　○登山中に指導者が対処できないような緊急を要するけが人や病人が出た場合 　○登山指導員の指示に従わない場合 **(5) 活動中の中止の連絡方法**
［2］ **安全管理体制**	**(1) 指導者の質・配置・人数・役割分担** ①山岳協会の会員、現役の登山ガイド者、登山愛好家等から選出 ②登録されている指導員を配置 　経験年数から、以下のように資格や経験年数をもとに、配置する **(2) 引率者の配置・人数・役割分担** 　児童・生徒50人に対して、引率者は3名、指導員は1名 **(3) 活動実施の体制** ①児童・生徒50人に対して、引率者は3名、指導員は1名 ②登山活動実施期間 **(4) 連絡体制** ①活動中の連絡手段：無線機及び携帯電話

	②無線機等の配置は以下の通り （略） ③登山指導員と本部との定期的な連絡は4回 ④気象情報の把握 **(5) 利用者：活動に必要な装備（個人装備・団体装備）** ①個人装備 ②団体装備 **(6) 施設：活動に必要な用具や備品，計測機器** ①活動に必要な用具、備品 ②活動に必要な計測機器 **(7) 事前の準備及び装備の確認** ①事前準備の内容や手順、方法 ②活動に使用する装備等の確認
［3］ **参加者の把握**	**(1) 参加者の人数・名簿** **(2) 参加者の健康状況の把握**
［4］ **安全指導**	**(1) 活動実施上の危険箇所・緊急避難方法の周知徹底** ①活動中の危険 ②緊急時の避難方法 **(2) 危険行為・物についての説明** ①参加者が行うべきでない危険な行為 ②使用する危険な用具等 **(3) 用具の正しい使い方の説明** **(4) 活動を安全に行うための手順** **(5) 活動資料の活用** ①活動に必要な資料の使用方法 ②安全に活動するための資料
	(1) 事前調査 ①現地踏査

[5] 事前の安全管理 （共通事項）	②職員間での共有方法 **(2) 職員の研修・訓練** 　①安全管理面の力量確認の体制 　②定期的な研修・訓練の開催時期及び方法 　③事故を想定した訓練の実施 **(3) マニュアルの整備** 　①マニュアルの定期的な更新 　②指導者への確認体制 **(4) その他** 　必要な備品や計測機器の点検
[6] 緊急対応措置 （共通事項）	**(1) 人命救助活動** 　①人命救助活動の各役割 　②外部諸機関の連絡先と連絡方法 　③本部への連絡方法及び連絡者 **(2) 二重事故防止** 　①事故防止の手順 　②初期対応 **(3) 正確な情報把握と記録** 　①緊急対応時に収集する方法 　②連絡手段等に関して **(4) 緊急時の対応（救急法、蘇生法）** 　①研修体制 　②用具の配置・取り扱い **(5) 外部諸関係機関（警察、消防、海保）** 　　**連絡及び出動要請** 　外部機関への連絡についての判断基準

文▶　**進藤哲也**　国立青少年教育振興機構
　　　　　　　　　オリンピックセンター運営部長

[3章]
体験活動の実際

3章 PART 1 自然体験活動と指導法

▎[1] 登山活動

　登山活動は、目的、場所、時期、参加者など様々な要素により構成されており、これらを踏まえた計画立案と指導を行うことが重要です。本稿では、まず登山の魅力と目的について考え、実施に必要な情報を整理した上で企画立案および指導の実際・留意点について考えていきます。

①登山活動の魅力と多様性

　企画者や指導者が登山活動の魅力を認識し、計画立案時の目的設定や現場での指導に活かすことが、より効果的な体験活動の提供につながります。

(ア) 五感への働きかけによる豊かな感性の涵養

　多様な自然環境を有したフィールドで行う登山活動は、否応なく五感を刺激します。「森の新鮮な空気を吸う」「昆虫や動植物に出会う」「土や落ち葉、岩や小枝を踏みしめる感触を味わう」「起伏に富んだ未舗装の山道を歩く」「森を抜けた頂からの景色を見る」「小枝や葉が風に揺れる音を聴く」「朝日や夕日、満天の星空を眺める」「自然の中でお弁当を食べる」等、様々な自然の要素を直接体験することで、五感が活性化され、心身のリフレッシュ、豊かな感性の涵養、自然の豊かさ、自分と自然とのかかわりの気付きを得られることが期待されます。

(イ) 達成感の体感による自己の肯定

　個人やグループで目標を設定し、それに一歩一歩近づき、目標を達成

することを体験することで、「やればできる」という自己を肯定する心を育てることが期待できます。また、仲間と励まし合うことを体感する中で、お互いを思いやる心や集団の中で役割を発揮する心等の協調性の涵養も期待できます。

　このように、登山の多様な魅力を認識した上で、目的を設定することが重要です。当然、目的によって、その内容や指導方法も異なってきます。例えば、「自然に親しむ」と「協調性を養う」では、指導方法は異なります。「自然に親しむ」という目的達成のためには、登山道で見られる植物、そこに生活する動物・昆虫などに興味を向けさせる活動、あるいは、解説を取り入れることも考えられます。また、「協調性を養う」では、仲間と協力して山頂に到着することができるよう、グループ行動を基本とした計画を立案し、グループ単位で目標設定や登山計画を策定させることが考えられます。

②登山活動に必要な情報の収集と活用

　企画立案に当たり把握すべき２つの情報があります。これにより、登山活動は、様々な形態をとり、それに合わせた準備と指導を行います。

(ア)「人」についての情報

　参加者と引率者（ガイドを含む）の２種類の「人」が考えられます。まず参加者について把握すべき情報は、年齢、経験、人数、性別、既往症等です。これから登山活動を行う集団が、小学校３年生か、中学校２年生かでは全く体力が異なり、また、経験や体力で、参加者間に大きな差が見られる場合は、低い経験値や体力水準に合わせた登山計画が必要となります。さらに、集団人数により、引率者の配置体制が大きく異なります。加えて、特別な配慮を要する子ども等がいる場合、万一に備え、さらに十分な引率者を配置する必要があります。

　引率者についても、体力や登山経験有無の程度の把握は必要ですが、これらに加え、野外での子どもたちの指導経験の有無についても、正確

に把握した上で配置できる人数を設定する必要があります。能力や人数に不安がある場合、登山ガイドや自然体験活動指導者等外部の指導者に依頼することも必要です。

(イ)「山」についての情報

その集団に合致した登山計画を策定するためにも「山」の情報収集は重要です。出版社や各山岳会が刊行しているガイドブック、地元の観光協会や青少年教育施設等が提供している情報から、標高、山の形状、周囲の諸環境、季節別の特徴等を収集し、どのような山に登るべきなのかをしっかりと判断することが必要です。

例えば、標高については、身近な山のハイキングから高山登山まで大きな差があります。富士山の標高は3,776m、高尾山は599mです。その差は3,177mです。当然のことながら、所要時間も全く異なり、局所気候も異なることから、持ち物や登山計画も異なってきます。また、形状については、登山道の起伏、生態系、岩場・ガレ場、鎖場や木道・つり橋等の有無、崖の有無等の状況に加え、実際に登山を行う季節についての特徴に関する情報も必要です。さらにこれらについての情報が最新であることも非常に重要です。最近発生した事故があるとか、地形変更により登山道に変更が発生している等も考えられるからです。

③計画立案の実際

青少年自然の家を利用してA中学校2年生が6月に行う2泊3日の集団宿泊行事2日目の登山活動の事例を通して考えてみます。

> A中学校2年生は、生徒64名（32名×2クラス）、引率教員4名、看護師1名、学生ボランティア4名で構成されていて、登山活動は2日目に行い、当日15時までに帰着する必要があります。
>
> 登山経験と体力についての調査から、約6割の生徒は登山経験がなく、7割の生徒が体力に自信がないことが分かりました。引率教

員のうち2名には登山経験があり、学生ボランティアについては、野外活動リーダー経験はあるものの登山経験者はいませんでした。

(ア)登山計画の立案

　今回の登山の目的は「登山を通して仲間と協力することの喜びを知る」こととしました。目的と与件を踏まえ、次の登山コースを選定しました。

▶青少年自然の家出発到着、登り3時間、下り2時間半、標高差450m、全行程約12kmである。
▶途中急坂が2か所ある。
▶全行程ほぼ林内で、崖などがなく、比較的安全である。
▶適度な負荷をもった行程である。

　休憩地点は、登り3か所、山頂で昼食、下り2か所を設定して登山計画を立案しました。

(イ)実地踏査の実施

　上記で作成した登山計画をもとに、本番2か月前に引率予定教員が、実地踏査を行ったところ、次の点について気が付きました。

①2か所の急坂は階段となっており、下りは危険。
②登り1回目の急坂前で一旦集合・休憩が必要。
③水場、トイレがない。
④一部残雪があり、6月の本番時も気温低下の可能性がある。
⑤山頂付近では風が強い。
⑥携帯電話の不通箇所がある。

(ウ)登山計画の修正

　実地踏査で得た情報をもとに、次のように登山計画を修正します。

①登り、下りとも、急坂前で小休止を入れ、注意喚起を図る。
②水筒の携行を必須とする。
③前夜からの十分な休養と出発前のトイレを徹底する。

④冷え込み対応のため、持ち物にフリースやセーターを追加する。
⑤雨天時の使用に加え、防風目的使用のため、カッパを携行する。
⑥無線機、トランシーバーを借り、チーム内外の連絡手段とする。

　これら修正点を踏まえて作成した登山計画書（様式は任意）は、次頁のようになりました。

　出来上がった登山計画書は、登る山を管轄する警察署に事前に提出することとなります。提出は、FAXやインターネット、登山道入口の登山計画書投函ポスト、最寄りの交番などが可能ですので、事前に確認をしてください。

　なお、登山計画書をこれらの機関等に事前に提出するのは、万一の場合の捜索の際に、重要な手がかりとして使用するためです。また、警察署以外にも、関係各所に事前に提出・配付するようにしてください。

④集団登山の安全管理

　学校等集団が行う登山活動は、参加人数が多いこと、登山技術や体力に差があること、ほぼ素人の集団であること等から、その安全管理は、主に次のことについて十分留意する必要があります。

【準備段階】
○登山計画立案後、必ず実地踏査を行い、計画を見直す。
○国土地理院発行の１／２５０００地形図（書店で購入可能）を用い、高低差を含めた地形を、全引率者が、事前に把握するとともに、登山中も随時、現在位置を確認する。また、コンパスを併用し、正確な現在位置や進行方向を確認する手法を身に付けておく。
○複数の連絡手段（携帯電話、無線、トランシーバー等）を用意し、外部との連絡体制を確保する。
○外部との定時連絡により、集団の状況や気象状況等の情報共有を図り、危険予知・回避に努める。
○日帰りの活動でも、万一に備え、簡易テントや副食、懐中電灯等を準

Ａ中学校2年生登山計画書

引率者代表者名	校長○○○○○（連絡先携帯電話：080-0000-000）
実施年月日	平成20年6月10日（4月10日に実地踏査済み）
参加人数	生徒64名（男子32名、女子32名）、教員4名（男性4名）看護師1名（女性1名）、学生4名（男性2名、女性2名）
登山ルート	○○山△△登山道
出発到着時刻	出発：午前9:00　到着：午後15:00
編成	▶先頭：教員A1名 ▶1グループ生徒5～6名 ▶各クラスの最後尾に教員を配置（教員B、C2名） ▶各クラスの中間に学生2名を配置 ▶最後尾：教員D1名＋看護師
緊急連絡手段	▶無線機で青少年自然の家事務室と定時及び随時連絡。 ▶トランシーバーで先頭、最後尾、クラス最後尾で、常に情報を共有する。 ▶緊急時対応のための下山は、教員Aが判断し、同行下山者は、教員C→B→D→Aの順とする。
行程	9:00　青少年自然の家出発 9:20　小休止①（Aポイント）（10分間） 10:20　小休止②（Bポイント）（10分間） 　　　　—急坂— 11:10　小休止③（Cポイント）（10分間） 　　　　—急坂— 12:00　○○山山頂、昼食休憩（30分間） 12:30　○○山山頂出発、下山開始 　　　　—急坂（下り）— 13:00　小休止④（Cポイント）（10分間） 　　　　—急坂（下り）— 14:00　小休止⑤（Bポイント）（10分間） 15:00　青少年自然の家到着

備する。その際、集団で用意するもの、個人が用意するものに分けて準備する。
○途中下山者への対応（エスケープルートや同行引率者）や緊急下山を行う際の判断基準（気象条件や事故等）を、予め策定しておく。
○予め、集団全体におけるグループの並び順、グループ内の並び順、指示・命令系統を定めて、全員への周知徹底を図る。
○上記の隊列を組む際は、体力の弱いものを隊列の前に配置するよう配慮する。

【活動段階】
○出発前に、登山計画の確認、危険箇所での注意事項、その他の注意事項等について、再度改めて全体に周知する。
○先頭の引率者は、特に出発直後の集団の登山ペースを抑え、無駄な体力消耗防止を図る。出発直後はペースが上がる傾向にあるので注意が必要。
○出発してから1回目の休憩は、出発15～20分後程度を目処に早めにとり、体調確認、体温調節、水分補給を行う。
○急坂や崖地などの危険箇所に入る前には、小休止を入れ、改めて注意喚起を行うとともに、呼吸や隊列を整えさせる。
○昼食時などの大休憩の際には、引率者が管理できる範囲内に休憩範囲を定め、集団を管理。風等の影響による体温低下にも気を付けて、場所を選定するとともに、注意喚起する。
○休憩場所到着時および出発時などの要所で、人数確認の徹底。また、最後尾を受け持つ引率者は、隊列から遅れた参加者に同行するとともに、トランシーバーなどで他の引率者に状況を伝え、全体のペースを調整する。

文▶ **樋口拓** │ 国立青少年教育振興機構
　　　　　　　総務企画部総務企画課総務係長

[2] 河川活動

　日本の年間降水量は約1,700mmであり、世界平均の1.7倍に当たります。日本の国土の約70％は山岳地帯であり、全国土に占める森林の割合もほぼ同じぐらいあります。また、日本の河川数は、全国で約35,000（一級河川、二級河川、準用河川も含む）にも上ります。日本河川の特徴としては、源流から海までの川の距離が短く、急流な所が多いことが挙げられます。このような地理的状況の中、日本人はいつの時代も川と共に暮らし、川に感謝と畏敬を払いながら生きてきました。

①河川活動のいろいろ

　河川で活動する際、一番注意しなければならないのが天候の変化です。現在、雨が降っていなくても、上流付近で多量の雨が降った場合、急激に川の流れが速くなったり、増水したりする場合があります。台風などで、地形の変化から川の流れが変わることもあります。

　河川活動においては、事前の下見や準備が必要なことは言うまでもありません。本稿では、比較的穏やかな流れの川で行える活動に焦点を当てて紹介します。

(ア) 水切り

　川の水面に石を滑らせ、石が何回にも渡り飛び跳ねるのを楽しむ遊びです。平らな石を選び、横手から石が川面と水平にぶつかるように投げるのがポイントです。石が何回飛び跳ねたかを競争すると子どもたちは夢中になります。水切りをする時には、対岸に人がいないか、岩に当たって跳ね返らないかを確認してから投げさせてください。

(イ) 魚の捕獲

　川の中を観察すると、沢山の水生生物を見つけることができます。水

生生物を捕獲する場合は、それぞれの生態を知っておくことが大切です。魚を捕る場合、遠くから足下の魚を誘導するように歩いて、網を使って捕獲します。うまく網に魚が入るように方向に気を付けながら追い込みます。エビやカニなどは、浅瀬の石かげや水草の根元を注意深く観察しましょう。石を裏返したり、水草の根元に網を入れてすくったりすると捕まえることができます。また、エサ（かまぼこ等）を糸につるしておびき寄せるのも良いでしょう。

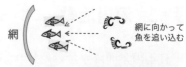

網に向かって魚を追い込む

水生生物を捕まえる際は、事前に生き物にも命があることを伝えておくことが大切です。むやみに捕まえようとせず、観察が終わったら元の場所に帰してあげましょう。

Column 川の流れ①

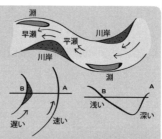

ここでは、川の流れについて考えてみます。通常、右図のように川が流れている場合、平瀬から早瀬に向かって川の流れが速くなります。一方、蛇行している川の内側より外側は流れが速く、淵の辺りは深くなっています。カヌーを漕いでいる場合でも、平瀬の段階で進むべき安全な方向（川の流れの中心より内側）を定めないと、早瀬では操作しきれなくなる時があります。川岸から川をみると、川の流れがないように見える時がありますが、川は絶えまなく流れています。はじめに決めた活動場所から流されていないか常に確認しながら複数で活動してください。

(ウ)カヌー

カヌーにはカナディアンとカヤックの2種類があります。その違いは漕ぎ方であり、片側だけにブレード（水掻き）のついたパドルで漕ぐのがカナディアンで、両方にブレードのついたパドルで漕ぐのがカヤックです。

まずは右図上のようにパドルを持ちます。カヌーに乗艇したら、右図中央のように膝とカヌーを一体化させます。右を漕ぐ時はブレートで水を捉えるように漕ぎ、左を漕ぐ時は右手首を手前にひねり、左のブレードが水を捉えられるようにします。右図下のように長いストロークで漕げるとスピードが上がります。

静止したい時は、カヌーが揺れ動かないよう注意しながら左右交互にブレードを入れます。右に曲がりたい時は左だけを漕ぎ、左に曲がりたい時は右だけを漕ぎます。後ろに行きたい時は、ブレートの背面を使い後ろから前に漕ぎます。

基本の操作は以上ですが、カヌーを体験するなら国立大洲青少年交流の家HP（下記参照）を事前にご覧ください。初心者は、専門的な技術を有するインストラクターの指導を受けることをお薦めします。

※カヌーを行う場合は、必ずライフジャケットを着用してください。
【参照】http://ozu.niye.go.jp/katudo/kanu/kanu.htm　Let's Enjoy Canoeing11＆清流肱川ツーリング

パドルバランス

右のブレードの表面が自分の後方にむく
左のブレードの表面は上方をむく

パドルを頭の上にのせ肘が90度になるようにパドルを握る

ニーグリップ

膝をカヌーの内側につけカヌーと一体化させる

長いストローク

②河川活動の服装や用具

　河川での活動に当たっては、濡れても良い靴もしくは踵のついたサンダルを履いてください。ビーチサンダルだと沼地にサンダルがはまり脱げたり、川の石がヌルヌルしているため滑って転倒してしまうことがあります。服装や持ち物については、海浜活動（P112参照）と同じです。

③河川活動展開のポイント

(ア)天候確認

　川の上流部は山の中にあります。山の天候は変わりやすく、多量に雨が降ることがあります。また、上流のダムで放流している時には絶対に河川付近で活動しないようにしましょう。晴れていても、河川が濁りだしたり、流木等が流れてきたりしたら、活動を止め避難しましょう。雷の場合も同様です。

(イ)水分補給

　河川で活動する場合、意外と忘れがちなのが水分の補給です。川岸での活動やカヌー等直射日光を浴び、日陰に入れず長時間活動している場合があります。こまめに水分を補給しましょう。

(ウ)スタッフの位置

　危険箇所にスタッフを配置することはもちろん、子どもが川に流されてもすぐに助けられるように、スタッフは活動している場所の下流付近で1名は待機してレスキューに備えてください。

| Column | **川の流れ②** |

　カヌーで上流から下流へツーリングしていると、堰堤、橋桁、コンクリート護岸、テトラポットなど様々な人工物が目に入ります。人工物周辺は複雑な流れが発生していることが多いので、安易に近付かないでください。一度引き込まれてしまうと、水圧で動けなくなってしまうことがあります。また、大きな岩の近くや川の合流地点では川の流れが変化している所があります。筆者もカヌーをしている時に大きな岩の前でよく転覆しました。川の流れが見た目と実際では異なり、カヌーの先端が流れに捕られバランスを崩してしまったのです。川の水面は流れが穏やかに見えても、流れが急に変化している箇所があるので注意が必要です。

文 ▶ 　藤井玄 ｜ 国立青少年教育振興機構　子どもゆめ基金部国際・企画課長補佐

　　▶本稿「①河川活動のいろいろ、（イ）魚の捕獲」は
　　　大藤毅（国立大洲青少年交流の家）
　　▶イラスト：三谷奈穂子

［3］海浜活動

　私たちは東日本大震災により未曾有の被害を受け、海の恐ろしさを目の当たりにしました。しかし、わが国は海に囲まれた島国であり、古より海とともに生活し、海から数多くの恵みを得てきました。
　「海は怖いもの」と遠ざけるのではなく、海についての理解を深め、豊かな心を育む活動を展開してほしいと考えます。

①海浜活動のいろいろ

　海浜活動は、「海辺・波打ち際での活動」「海面での活動」「海中での活動」に大別され、後者ほどリスクが高まり、専用の用具や専門的な指導が必要となります。ここでは比較的準備や展開が容易な「海辺・波打ち際での活動」に焦点を当てて紹介いたします。

▲ビーチコーミング

▲サンドアート（砂の造形）

▲手作りのトラップ（エサはチクワ等）

▲磯観察

(ア)ビーチコーミング

貝殻や漂着物等、主に砂浜で実施する活動です。対象年齢や目的、さらには発見した物により様々な展開が可能です。

例えば対象が小さい子どもなら流木や貝殻に思い思いのペイントを施したり（水性フェルトペンがあると便利）、高学年なら海浜清掃などのボランティア活動と絡めながら漂流物の調査を行ったり、海流などの興味のきっかけにすることも可能です（日本海では外国語パッケージの製品が漂着することも多くあります）。島崎藤村の有名な詩「椰子の実」は、愛知県の伊良湖岬に漂着した椰子の実をもとに書かれたそうです。

(イ)サンドアート(砂の造形)

サンドアート（砂の造形）は、作品の大きさによって人数や活動時間を調整することができます。粒子の細かい砂を使って、みんなで立体的な砂像づくりにも挑戦してください。

(ウ)微生物の採取と観察(ウミホタル)

ウミホタルは、日本沿岸（主に関東以南）に広く生息し、体長３ミリ程度の夜行性生物です。

手作りのトラップで簡単に採取でき、幻想的な青色の発光をするので、生物のフシギを通して、自然に興味を抱く格好の素材となるでしょう。

(エ)磯観察

磯では、たくさんの生物を見ることができます。特に干潮時に現れるタイドプール（潮だまり）は、波の影響を受けないことから、生物を観察するのに適した場所です。

観察のコツは「静かに、じっとする」こと。岩陰に隠れていた小魚やカニなどが出てきます。

ただし、満潮・干潮の時間帯は日々変化します。事前に活動日の様子をタイドグラフ等で把握しておいてください。

> Column | **離岸流**
>
> 　海水浴客が急激に沖に流されるという事故を時折耳にします。この多くは離岸流(りがんりゅう)が原因と考えられています。
>
> 　離岸流とは岸から沖に向かってできる流れで、水泳選手でも逆らって泳ぐことが困難なほど、速いスピードだとも言われます。遠浅の砂浜でよく見られますが、突堤付近でも発生することが分かっています。
>
> 　もし離岸流に巻き込まれたら、流れと直角（つまり岸と平行）に移動して流れから脱出するのが良い方法ですが、指導者としてはまず下見時に離岸流の発生箇所を把握し、近付かないようにするのが最良です。WEB上でも数多く解説されています。地元の方やサーファー等に聞くなどして、ぜひ理解しておいてください。

②海浜活動の服装や用具

　海辺で活動するにあたっては、肌の露出を減らすことが重要です。海水で皮膚がふやけてしまい、ちょっとしたことで切り傷を負いやすくなります。

　また、海辺は日陰が少ないため、日焼けや熱中症にも注意が必要です。これらのことから、以下のものを準備するのが良いでしょう。

服装▶長袖・長ズボン（水切れの良い素材のもの）、帽子、手袋、運動靴、靴下（くるぶしが隠れるように）
　　※砂浜ではスポーツサンダル等も便利ですが、岩場をフィールドとする場合には、専用のシューズか運動靴をお勧めします。

用具▶（個人）タオル、日焼け止め、水筒、着替え、帽子

　　　　（団体）救急用具、携帯電話、レスキューロープ、ホイッスル
　　　　※波打ち際では声が通りにくいため、集合の合図等にはホイッスルがあると便利です。また、携帯電話は防水兼水に浮くようジッパータイプのビニール袋に入れると良いでしょう。

③海浜活動展開のポイント

(ア) 下見は入念に

　スタッフ全員で下見を行いましょう。危険箇所の洗い出しと同時に対策も考えていきます。実際に海中の様子も調べておいたほうが良いでしょう。

(イ) スタッフのスキルの把握と役割分担

　スタッフのスキル（泳力等）を把握することで、「どのレベルまで活動させられるか」を検討します。

　また、役割分担が明確でないと、安全管理上に空白ができるおそれがあります。エリア毎やグループ毎といったように割り当てをしっかり行い、人員確認に空白が生じないよう注意しましょう。

(ウ) 子どもと約束事を決めておく

　活動エリアをしっかり決める、「集合や避難」など声以外の合図について子どもたちに説明しましょう。特に活動エリアは「あの辺からこの辺まで」という表現になりがちなので、具体的に目標物を示すなどして、理解してもらうことが必要です。活動エリアの端にスタッフを配置することも有効です。また、２人組やグループでの行動を徹底することで、何かあった時の初動が早く行えます。

Column | 箱めがね

　磯観察のグッズの定番、箱めがねは「1回の活動ために購入するのも…」という声も聞きます。それならば子どもと一緒に箱めがねを自作するのはいかがでしょうか。
　作り方はとっても簡単。
①牛乳パックの上と底をハサミで平らに切り、四角い筒を作る
②筒の下にビニールラップを張り、輪ゴムでとめる
③ラップの端から水が入らないようにビニールテープを巻いて完成！
　カッターナイフが使える年齢なら紙パック代わりにペットボトルを使うと、さらに視界が広がりますよ。

文▶　片山貞実　国立青少年教育振興機構
　　　　　　　　国立室戸青少年自然の家主幹

■[4] 野外調理活動

①野外調理活動と子どもたちの楽しみ

(ア) 食べることの楽しみ

　人間の生理的欲求である食欲を満たすことは喜びの一つです。自然の中で十分に体を動かし、汗をかいた後の食事は格別です。長期キャンプになればなるほど、食事のバリエーションも増え、味もおいしくなります。何よりもみんなとワイワイと食べる楽しさがあります。

(イ) みんなと一緒に作る楽しみ

　「どんなふうに作る？」などワイワイと会話を弾ませて作ることは楽しいものです。多少形や味が整わなくても、みんなと相談し、決めたことは嬉しく楽しいものです。仲間の意外な面（包丁を上手に使えるなど）に気付くことも多くあります。

(ウ) 自由（工夫ができる）に作る楽しみ

　普段のように決められたものを食べることはありません。自分たちの自由な発想で作り、盛り付けをして各班のオリジナルで良いのです。ちょっとした工夫が感動を生み楽しく作れることにつながります。

②野外調理活動の教育的意義

(ア) 自然や命を感じる

①食材を通して季節感や命の尊さを学ぶことができます。単に調理して食べるだけでなく、食材の意味を子どもたちと共有することが大切です。

②調理する過程で、水を使うことやゴミを出すことを通して環境に配慮した考えを導くことができます。

③自然の中でさわやかな風を受け、太陽の光を浴びながら、その時々の自然環境を学ぶことができます。

(イ) 仲間と協力する

① 「どのように作ろうか？」「おいしく作るためにはどうする？」など、グループ内で話し合い、一つの目標に向かって行動することで、協調性や協働する大切さを学びます。

② スムーズに共同作業が進むように、リーダーシップを発揮したり、意見を受け入れたりとグループ全体の動きを意識できるようになります。個人からグループ全体へと意識が変容することで、仲間意識や社会性などが育まれます。

③ 自分のやるべき役割分担を果たすことで、仲間から認められ、自信や自己有用感をもたせることができます。

(ウ) 技術を得ることができる

① 火を扱うこと、かまどを作ること、調理することなどを通して、生活の中で必要な技術を身に付けることができます。

② 包丁や火を扱う際に注意したり、何が危ないか考えたりすることなど、リスクマネジメントの能力を身に付けることができます。

> **Column　学習指導要領と野外調理**
>
> 　中学校学習指導要領の技術・家庭の目標では、「生活に必要な基礎的・基本的な知識及び技術の習得を通して、生活と技術とのかかわりについて理解を深め、進んで生活を工夫し創造する能力と実践的な態度を育てる」と記載されています。まさに野外調理活動はこれらの目標を達成するための教育的機能を含んでいます。

③野外調理活動の運営ポイント

(ア) 計画の立案と実施

目的や方法の違いによって様々な意味をもつ活動となります。よって

目的を明確にして活動を行うことが必要です。以下に２つの例を紹介します（次頁表は、実際に国立妙高青少年自然の家で行われているプログラムです）。

(イ) 運営上の留意点

① 指導者は、子どもたちの話し合いや活動を見守り、活動の時間を十分に取れるようにすることが重要です。

　例）環境について考える時間や、食材やメニューを考える時間、グループ内の対立が起きた時の解決方法

② 子どもたちが、安全に活動を行えるように、火の扱い、包丁の扱い、ナタの扱い等について、活動前に指導者が実際に見本を示しながら指導をすることが重要です（より具体的に見せることで理解できます。言葉だけでは具体的なイメージがつかめません）。

③ 炊事の環境を整理しながら行うよう指導します。薪が散らばっていたり、ナタが地面に落ちていたり、ゴミが散乱していたりでは、安全に落ち着いて炊事ができません。その都度その都度整理整頓をしていくことが重要です。

④ 楽しく意欲的に炊事ができるよう、声掛けや援助を行います。子どもたちをよく観察し「いい考えだね！」「上手だね！」「おいしそうだね！」など肯定的に言動を捉えることが重要です。ただし危険な場面では、その場でハッキリと明確に指示をしましょう。

⑤ 炊飯を通して、食の楽しさを味わえたこと、仲間と楽しく活動できたこと、自然環境について理解できたこと、調理の技術を得たことについて、活動を振り返って発表する場を設けましょう。

④野外調理活動におけるリスクマネジメント

(ア) 子どもたち自身のリスクマネジメント

　活動を効果的に展開するためには、プログラムの内容が重要であるとともに、事故やけがなく活動を最後まで行うことが大切です。もちろん

	エコ野外炊事 （環境に配慮した活動）	びっくり！ 野外炊事
目的	自然を汚さない、自然にやさしく、ゴミを最小限にするなど、環境に配慮した活動を行うことで、自然環境や資源の大切さを理解します。	決められたメニューはなく、与えられた食材からメニューを考え作り出します。仲間との相談や課題を解決することを通して、コミュニケーション能力や協力することを学びます。
準備	☐人数の確認（総数、グループの人数、男女混合、引率） ☐天候の確認（荒天時はどこで行うのか） ☐炊事場の確認（かまどの有無） ☐メニューの選択（目的やニーズに即したメニュー） ☐炊事道具や備品の数や状態（持ち込むものと、レンタルできるものを事前に把握） ☐食材の調達（食物アレルギーなど事前に確認が必要、生鮮食品の管理） ☐分量 ☐時間配分や緊急時（けが等）の対応について事前に把握しておく。	
内容	環境に配慮した条件を設定する ①環境について考える【導入】 　（洗剤が川に流れたらどうなる？など） ②薪は森の中に落ちている木だけ【展開】 ③使用できる水はポリタンク1つのみ ④箸や皿は自然物で作成する ⑤ゴミを出さない工夫（にんじん等の皮もサラダに活用！） ⑥洗剤を使わず新聞紙等でふき取る ⑦グループごとに工夫した点などを発表する【まとめ】	創意工夫ができるよう配慮する ①食材の提示（同じ食材毎にまとめておく） ②これらの食材から何を作るかグループで考えさせる【導入】 ③食材の選択・活動開始【展開】 （使いたい食材や備品が重なった場合はグループ間で話し合いをもつ） ④料理の完成・紹介 ⑤バイキング形式で会食 （他グループの料理も食べられる） ⑥グループごとに工夫した点などを発表する【まとめ】

指導者による注意喚起や指示は大切ですが、子どもたち自身でリスクを考え、マネジメントする能力が今問われていると思います。子どもたちが自ら判断し、行動することが大切です。野外調理活動で参考になるのが、社団法人全国こども会連合会で作成している「危険予知トレーニングシート（KYTシート）」です。

出典：社団法人全国こども会連合会
「こうしてすすめよう！ 子ども会KYT」

　このようなシートを利用して、具体的なイメージをもちながら、活動に潜むリスクを発見・把握し、そのリスクを評価・分析し、リスクへの対処・処理を行うことが必要です。この学習は、繰り返せばより効果的です。学習したことが実際の場面で生かされます。実際の場面でリスクマネジメントを実行できたことは、子どもたちの力となります。ぜひ活用いただければと思います。

(イ) 活動場面での注意事項（特に注意が必要な事項）
【火の扱い】
　地球上の生命体で人間だけが火を扱えます。それだけに火にはロマンがあります。焚き火を見ているだけで心が落ち着きます。子どもたちは（特に男子）火に夢中です。しかし、危険性も含んでいます。煙で目やのどを傷めたり、飛び火でやけどや服を焦がしたり、高熱の鍋蓋でやけどをしたりします。誰が火を扱っているのか、周囲の状況はどうか、風向きや火力はどうか等、指導者が状況を的確に把握し、注意を促すことが重要です。

【包丁の扱い】
　包丁を使える（物を切るということ）ことは、男女に関係なく必要な基本的な技術です。しかし、技術レベルは様々でしょう。活動では包丁を扱う子どもたちの様子をよく観察し、適切な指導が必要です。また、

包丁の刃先を確認することも必要です。切れない包丁で力を無理に入れすぎたために、大きなけがをした事例があります。よく包丁を確認してください。さらに包丁を使用している周囲でふざけたりしないこと、混雑していない環境の整備が必要です。

⑤最後に

　野外調理活動は、子ども自身のもっている知識や技術を総合的に発揮する場となります。野外調理には十分な活動時間を確保し、楽しい雰囲気の中で、伸び伸びと活動をさせたいものです。

文▶	**室井修一**	国立青少年教育振興機構 国立妙高青少年自然の家企画指導専門職

参考文献　▶『小学校学習指導要領』文部科学省、東京書籍（2009年）
　　　　　▶『中学校学習指導要領』文部科学省、東山書房（2008年）
　　　　　▶『学校で自然体験活動をすすめるために―自然体験活動指導者養成講習会テキスト』国立青少年教育振興機構（2010年）
　　　　　▶『ねらい別活動プログラムシート』国立妙高青少年自然の家
　　　　　▶『野外教育の理論と実際』江橋慎四郎、杏林書院（1987年）
　　　　　▶『野外活動テキスト』日本野外教育研究会、杏林書院（1988年）

▎[5] 工作活動

　工作活動は、天候に左右されず、誰にでも手軽に実施できる活動です。また、集団で作成するというよりは個人で作成する活動で、実施する内容によって活動時間を自由に設定できます。これらの特徴を生かし、どのように活動を実施していくかを考えてみましょう。

①活動の目的

　どのような活動を実施する場合でも、目的を明確にすることが重要となります。工作活動を実施する目的は、次のようなものが考えられます。

▶自然にあるものを使うことで、自然への意識や関心が高まり、認識を深めることができます。

▶自ら工夫し創作することで、創りだす喜びや楽しさを味わうことができます。

▶ナイフやのこぎり等を使うことで、道具などの使い方を学び、手先の器用さを養うことができます。

　工作活動の選択に当たっては、子どもたちの経験や年齢、興味関心、学校における教科学習との関連、工作の利用目的（記念品や、活動中の生活用具等）を考えることも大切です。

②活動の実施時期

　工作の実施時期は、作品の用途によって変わってきます。その作品が、キャンプなどの活動中に使用したり、遊び道具としたりするものであればプログラムの前半に行うと良いですし、記念品として持ち帰るのであれば、後半に実施すると良いでしょう。また、グループで一つのものを作り上げるような場合は、仲間づくりとして位置付け、プログラムの前半に実施することが望ましいでしょう。いずれの場合でも、活動全体の目的や流れにそって計画することが重要です。

③活動の手順

(ア)説明
　作り方や道具の使い方等について説明します。完成品の見本を見せることで、興味をもたせ、やる気を起こさせることも大切です。

(イ)製作
　ケガや事故が起こらないように注意を促しながら、子どもたちの様子を観察しましょう。作業が遅れている子には、適切な援助をすることも必要です。

(ウ)まとめ
　自分で作った作品を発表し合ったり、実際に使ってみたりする時間を確保しましょう。お互いの作品を鑑賞したり、工夫した点や苦労した点を発表したりするのも良いでしょう。また、道具等の後片付けも忘れずに行います。

④指導上のポイント

　子どもたちにとって、工作活動を充実させるために、次のような点に留意して指導することが大切です。

(ア)自然について知る
　その素材となる自然について良く知ることが必要です。活動する地域や地形によって、植物は大きく異なります。木にも堅い木やもろい木があること、木や竹を割る時には割りやすい方向があること等、子どもたちが自分で発見できるような指導助言をすることが大切です。自然を知ることは、自然を大切にすることに繋がります。また、自然本来の美しさを大切にするように指導すると良いでしょう。例えば、木の板に色付けをする場合に、全部を塗ってしまうのではなく木目を生かしたり、やすりで肌触りを良くしたりなど、それぞれの自然物の特徴を生かすことで、子どもたちの自然への興味もより深まることでしょう。

(イ) 時間配分

　活動内容、場所、子どもたちの年齢等を配慮しながら、参加者全員が余裕をもって作品を完成させることができるよう十分な時間の配分をすることが大切です。

(ウ) 指導者の指導・助言

　子どもたちの自主性に任せて実施し、良い作品ができればその作品や活動に対する満足感は大きなものとなるでしょう。しかし、子どもたちの自主性を尊重するあまり、失敗を生じさせてしまう場合も多く見受けられます。加工途中で仕損じてしまったり、時間内に完成しなかったりすることもあります。どの程度を子どもたちの自主性に任せ、どの程度指導者が指導・助言をするか考えておく必要があります。

⑤ 安全管理

　活動を安全に実施するためには、人数や活動内容に応じたスペースを確保することが大切です。のこぎりや小刀などの刃物を使う場合は、正しい使い方を指導するとともに、その扱い方についても指導をする必要があります。使い終わった刃物をそのままにしたり、地面に転がしておいたりすることはケガや事故の原因になります。また、よく切れない刃物類は、無駄な力を使ったり、無理な使い方をしたりするため危険です。事前に道具の点検をしておくようにしましょう。刃物を扱う時だけでなく、丸太を持ったり、ロープを引っ張ったりするときは手をケガしやすいので、軍手をはめるようにすると良いでしょう。しかし、安全性を気に掛けるばかりに、子どもから刃物を取り上げてしまっては、創作活動の本質から離れてしまいます。子どもが、世界にたった一つの自分だけの作品なんだという満足感を味わうことができるように、指導者が気を配っていくことが大切です。

文▶ **友松由実** ｜国立青少年教育振興機構
　　　　　　　　　国立妙高青少年自然の家事業推進係主任

［6］雪中活動

　日本には四季があります。冬は、雪や氷が自然とできる環境でもあります。ここでは、雪や氷を利用した体験活動を実施するに当たり、安全かつ効率的に展開するために必要なことを説明していきたいと思います。

①雪中活動をイメージする前に

　雪や氷といっても、地域によって様々な状況があります。例えば北海道や長野県北部のような気温が－20℃にもなる地域で降る雪は、湿度が低くサラサラした雪で、雪を踏みしめると「ギュッ、ギュッ」と音が鳴ります。また息を吹きかけるだけで飛んでいきます。しかし、手で雪玉を作ろうとしてもなかなか固まりません。一方、新潟県や山形県のように日本海側から吹き付ける偏西風によって大量に降り積もる雪は、湿気が多く重い雪となります。雪を踏みしめると「ザッ、ザッ」という音がします。息を吹きかけてもそんなに飛んでいきません。しかし、雪玉はすぐできます。

　このように一口に「雪」と言っても、その地域によって特色があり、プログラムの内容は異なります。

②何ができるか考えてみる

　雪の状況や実施時期を踏まえてどんな活動ができるかを考えてみましょう。ここに筆者が体験活動に適した雪の状態を表にしてみました（表1参照）。

　表が示す通り、雪の状態によって考えていた活動が容易にできる場合とできない場合があります。活動計画を立案する前に、状況を分析・把握することが、雪中活動の善し悪しを決めると言っても過言ではありません。

【表1】冬の体験活動に適した雪質

体験活動のカテゴリーを「滑る」・「歩く」・「固める」・「味わう」・「調べる」の5つに分け、どの雪質が適しているかを筆者の指導経験から表にしました。

雪　質	水分を多く含んだ雪	適度に水分を含んだ雪	水分が少ない雪	理　由
状　態	暖かいとすぐ溶けてしまう状態	手で雪を握ると雪玉ができやすい状態	手で雪を握ると雪玉ができにくい状態	
時　期 ※1	3月	12月〜2月	12月下旬〜1月	
気　温	プラスの気温である	マイナスの気温である	マイナス15度以下の気温である	
滑る	△	○	○	水分を多く含んだ雪は、滑走面が汚れやすく、よく滑らないため。場合によっては急ブレーキがかかることがある。
歩く	○	○	○	水分が多い雪でも、積雪が10センチ以上あれば、歩くことは可能であるため。
固める	×	○	△	水分が多すぎると固まってもすぐ崩れてしまう。また水分が少ないと固まらないため。
味わう	×	△	○	水分の多い雪は、雪温も高いため、アイスクリームが固まらないため。
調べる	△	○	○	水分の多い雪は、雪の結晶が壊れているものが多く、動物の足跡の原型もすぐに崩れてしまうため。

○活動に適している　△実施可能だが、実施には工夫が必要である　×活動に適していない

※1）偏西風に伴う気温の変化を考慮し、主にその雪質が多い時期を記入しました。
※この他に泊まる（雪上でのテント泊やイグルー泊など）活動もありますが、こちらは雪質ではなく立地条件によって実施可能かを判別するため、表の中には含みません。

▶表1で示したカテゴリーごとの一般的な活動種目

滑る	スキー テレマークスキー バックカントリー スノーボード スノースクート ソリ滑り チューブ滑り エアボート など	固める	イグルーづくり かまくらづくり 雪像づくり 雪洞づくり アイスキャンドル 雪のテーブル 凍ったシャボン玉 雪上シアター 雪合戦 雪玉ストラックアウト など	歩く	歩くスキー スノーシューハイキング かんじきハイキング など
				味わう	雪ごおり アイスクリーム作り など
				調べる	アニマルトレッキング 雪の結晶観察 など
				泊まる	イグルー泊 雪中ビバーク泊 雪中テント泊 など

③活動計画を立案するに当たって

　活動計画を立案する場合、「ねらい」が大切だと言われます。雪中活動は多様であり、展開次第では様々な「ねらい」に対応させることができます。

　例えば、「仲間で協力すること」を学ばせたいという「ねらい」を設定した時に、すぐに思い付くのがイグルーづくり等の「固める」活動です。これは一人ではできないような大きな造形物を、みんなの手で協力して作り上げていく活動ですから、うってつけです。

　では、スキーを通して学ばせることは可能でしょうか。一般的にスキーは、冬期スポーツや体力増進としての価値が高く、「協力」をねらいとして実施することは少ないと思いますが、「スキー活動」に「歩く」活動をプラスして、ゲレンデスキーから、ゲレンデ外の山間部を滑るバックカントリーへと変化させることで、登山のような「互いに励まし合いながら登る」という要素が加わり、「仲間で協力すること」という「ねらい」を十分に達成できるプログラムとなります。

【表2】雪中活動ごとに潜む危険

体験活動のカテゴリーを「滑る」・「歩く」・「固める」・「味わう」・「調べる」・「泊まる」の6つに分けて、活動に潜む危険を筆者の指導経験から表にしました。

事故の形態	雪崩	落雪	滑落	凍傷
滑る	◎	◎	◎	◎
歩く	◎	◎	◎	◎
固める	△	△	△	◎
味わう	△	△	△	◎
調べる	△	△	△	◎
泊まる	△	△	△	◎

◎ 発生する可能性がある　△ 実施場所によっては、発生する可能性がある

雪崩の定理	雪崩とは、斜面に積もった雪が、重力の作用により下方に滑り落ちる現象を表します。このため積雪があり、積雪場所に斜度があれば、どこでも起こる可能性はあります。この表では、人身事故が起こるような大規模な雪崩を想定した定理として、樹林帯が少ない開けた斜面で、かつ斜度が30度を超える急斜面に、断続的に雪が降り積もり、またその積雪が40センチ以上ある場合。何らかの理由で雪崩が起きる可能性があります。
落雪の定理	雪が屋根や木の枝などに積もり、時間の経過とともに固まりとなって地面に落下する現象を表します。また雪崩よりも小規模のことを落雪とも言います。この表では雪が垂直方向に落下することと定理します。北海道では毎年、この落雪によって数名の死傷者がでており、30センチ以上の積雪がある屋根の下や大きな木の枝の下では、十分に注意する必要があります。
滑落の定理	足を踏み外して、急斜面を滑り落ちることを表します。夏場の登山でも起こり得る現象ですが、雪中活動の場合では、足を踏みはず以外に、アイスバーンになっている斜面で足を滑らして滑落することがあります。このため、登る斜面状況によっては、アイゼンやピッケルといった、用具が必要になる場合があります。
凍傷の定理	低温が原因で起こる皮膚や皮下組織の傷害のことを表します。「しもやけ」の悪化した状態と考えられがちですが、しもやけは低温による血行障害のことを表します。凍傷は、第1度から第4度まで、症状が分類されており、第4度まで症状が悪化した場合、凍傷部分を切断する必要があります。凍傷のメカニズムは、体内でおこる自己防衛の一つで、低温時に中枢の体温を逃がさないように、皮下の血管は収縮を始めます。これが長時間続くと血行不全に陥り、その部分が凍り、細胞が壊死していきます。このため、長時間低温にさらされる、もしくは吹雪など、風による体感温度の急速な低下が予想される活動の場合は、注意と対策が必要となります。

この他にも、ソリ滑りのコースを自分たちで協力して作る等、そこになければ、あるものの形を変え、安全を確保すれば、無限に活動が広がっていくのが、雪中活動の魅力です。そのような意味で活動計画を立案する場合、それぞれの活動の連動性を考えることが重要と言えます。

④雪中活動での安全確保

　四季を通じて、体験活動に危険はつきものです。しかし、雪中活動は命にかかわる危険が多く潜んでいます。主に雪崩、落雪、滑落、凍傷などです。ここに筆者が、雪中活動ごとに潜む危険を表にしてみました（前頁表2参照）。

　表と照らし合わせて雪中活動での安全管理を考えてみましょう。例えば、「固める」雪中活動を行う場合です。

　この場合、もっとも発生しやすい事故が「凍傷」です。ということは、まず「凍傷」を防ぐために、皮膚を外気にさらすことがないように帽子や手袋、ゴーグル、ネックウォーマーを準備し、防寒対策としてスキーウェア、フリース、発熱効果が高い下着などを身に付ける必要があります。この他に「雪崩」や「落雪」の危険がある場所を避け、実施場所に移動する道に滑落の危険がない場所を選ぶことで、リスクに対して準備ができます。同時に事故が発生しにくい時間帯を考えて計画を立てることも必要です。

　このように、事故が発生するメカニズムを理解し、活動に適した服装や備品を準備し、綿密な計画を立てることで、その危険を最小限に抑えることができます。安全確保は活動成功へのカギとなります。

⑤雪中活動にかかる指導者と人数

　雪中活動の指導をしていると、他団体の指導者から「何人で指導しているの？」とよく聞かれます。ここでいう指導者は、子どもたちに直接指導している人数ですか？　それとも備品担当や医務担当など全てのス

【表3】対象に応じた指導者数

年齢と技術レベルに応じて、スキー指導の資格を持つ指導者1名が
受け持てる人数を、筆者の指導経験から表にしました。

年　齢	スキー技術レベル	指導者1名が受け持てる適正人数	理　由
3歳～5歳	初めてスキーをする	1名～2名	幼児の場合、スキー指導以外にも、トイレに連れて行ったり、長時間同じ運動を続けることが難しいため。
	自分の意思で滑って止まることができる	5名	
6歳～9歳	初めてスキーをする	5名～7名	小学生になり、トイレなどの生理的現象を多少我慢できるようになるが、言葉によるコミュニケーションと体力がまだ未熟なため。
	自分の意思で滑って止まることができる	10名	
10歳～12歳	初めてスキーをする	5名～8名	体力的には十分だが、言葉によるコミュニケーションにはまだ未熟な部分が残り、人数が多くなると、統率が取りにくくなるため。
	自分の意思で滑って止まることができる	10名～12名	
12歳～18歳	初めてスキーをする	5名～9名	体力的にも、言葉によるコミュニケーションも十分取れるようになるが、思春期を迎え、感情的に不安定な部分があるため。
	自分の意思で滑って止まることができる	10名～13名	
18歳以上	初めてスキーをする	5名～10名	体力的にも、言葉によるコミュニケーションも十分取れ、感情のコントロールができており、大人数での活動が可能となるため。
	自分の意思で滑って止まることができる	10名～14名	

タッフを含めた人数ですか？　と質問に質問で応えることがあります。

　これは、活動をマネジメントする上で大変重要なことです。例えば、スキー実習の際に、参加者が50人、指導者が5人。10名に1名の割合で指導すると仮定します。この人数は適正と言えるでしょうか？　それとも不適正でしょうか？　答えは、参加者の年齢と技術の割合と、指導者の技量と指導経験によって、適正とも不適正とも言えるのです。

　ここに筆者がスキーを題材とし、スキー指導者1名が受け持てる人数を表にしてみました（前頁表3参照）。

　この表は、筆者の指導経験から安全かつスキー技術の向上が見られ、参加者の満足度が高かった人数です。これ以上の人数を受け持っていたならば、立木や他のスキーヤーとの衝突、行方不明者の発生、技術指導の散漫さから起きる怪我の発生等の事故を起こしていたと思います。

　このように考えると、活動を立案する中で、対象となる参加者数と年齢に合わせて指導者の人数を確保するのか、それとも指導者の人数が決まっており、その人数に合わせて参加者数を決めるのか、明確にする必要があります。

⑥まとめ

　雪中活動は老若男女問わず、誰もが楽しめる活動が多くあります。その反面、重大な事故に遭遇する可能性がある活動でもあります。しかしリスクをコントロールすることができれば、他の季節では味わえない体験ができ、子どもたちにとって、この日本に生まれ育ったことを「喜び」と感じるきっかけになるかもしれません。

| 文▶ | **佐藤英樹** | 国立青少年教育振興機構
国立花山青少年自然の家事業推進係長 |

[7] レクリエーション 〜つながりの再創造を〜

①なぜ、本を読んでも指導者になれないのか?

　レクリエーションの指導というと「難しい！」「私には無理！」という声がよく聞こえてきます。しかし、そんなことはなく「誰でも」できるのがレクリエーション指導です。「集団に馴染めない」「コミュニケーションがなかなかうまくいかない」という子どもたちや青少年が増えています。対人間関係に対して緊張度が高いほどレクリエーションは効果を発揮します。

　そのような意味で、近年レクリエーションへの潜在的需要は高まっています。「ゲーム集」などの本は沢山出版されていますが、本を読んでもなかなか指導に直接結び付きません。なぜなら「ゲームをどう組み合わせればいいのか？」「ゲームのバリエーションの工夫は？」等のノウハウが、多くの本では紹介されていないからです。この２つのポイントをつかめば数少ないレパートリーでも多くの参加者を引きつけるレクリエーションは可能なのです。本稿ではその点に焦点をあて、そのノウハウを紹介していきます。

②指導者はいつも「つながり！」を大切に

　レクリエーションでぜひ、留意しておきたいことがあります。それは指導者がいつも何を念頭にレクリエーションを指導するのか、という点です。難しい言葉で言えば指導理念です。このポイントを明確にしておかないとレクリエーションの持つ力を発揮することはできません。

　レクリエーションの語源は「Re-creation＝再創造」です。それでは何を再創造するのでしょうか。これは筆者の解釈ですが「つながり」の再創造です。人は人との「つながり」を取り戻す時に身体も意識もリラックスでき、そして何よりもモチベーションを上げることができます。

難しいことではありません。まずは隣の人と、次は同じグループ、そしてその場にいるチーム全員とつながる時、そこに大きなエネルギーが生み出されます。レクリエーションを指導する際には、ぜひ「ゲーム」のための「ゲーム」ではなく「つながり」を取り戻すことを意識していただければ、プログラム全体に大きなインパクトを与えることが可能です。

③レクリエーションの基本ノウハウ～ゲームは"三幕"で組み立て～

それでは実際に1時間程度のレクリエーションを組み立てることを前提として基礎を学んでいきましょう。まず、プログラムの組み立てです。ただやみくもにゲームを続けてもうまくいきません。そこで三幕構成でプログラムを組み立てることを考えます。

第一幕は「導入」です。ここで指導者が参加者を「つかみ」、参加者を少しずつ「のせて」いかなければなりません。「導入」では指導者は参加者個々にアプローチするゲームから入っていきます。いわゆる分かりやすい優しいゲームで参加者に「ジャブ」を入れていきます。

第二幕は「展開」です。ここではじめて集団全体を巻き込むダイナミックなゲームが始まります。前幕で準備運動はできています。大胆に集団全体が動き、交わるゲームを展開します。

第三幕は「つながり」です。ここでは「まとめ」としたほうが分かりやすいかもしれませんが、より具体的にイメージをしていただくために敢えて「つながり」と表現します。まさにレクリエーションのラストは「つながり」を再確認する場となります。ここでは課題解決型ゲームを取り入れ、チームビルディングのプロセスを参加者はたどります。

まずはグループごとに、そしてエ

レクリエーションの展開

導入	対 個々人
シンプルなゲーム ボディコミュニケーションを含む	

展開	対 全体
集団展開型ゲーム	

つながり	対グループ→全体へ
課題解決型ゲーム 全体での課題解決ゲーム	

ンディングでは全グループが一つになって課題解決型ゲームにチャレンジします。まさに、ここに指導者のラストメッセージが込められます。このことによりプログラムがストーリー化され、参加者に大きなインパクトを与えることができるのです。

④「導入」ゲームの展開ノウハウ

「導入ゲーム」の基本は、非常にシンプルなゲームから入ることです。まずは参加者個々の緊張を解かなければレクリエーションはスタートしません。コツは分かりやすいゲームから入ります。

例えば、子どもたちが参加者の場合は「後出しじゃんけん」。参加者が青年の場合は「高い低い」から入ります。動き出しですので、できれば指導者が元気に声とアクションを交えてゲームを指導すると参加者のモチベーションが高まります。

●導入で使用する個人型初歩ゲーム

「トン、トン、トン」〜子どもたちのスタートゲームに最適〜
2人から何人でも

子どもたちを列、あるいは2人組（何人組でもOK）にします。
①指導者が優しく肩たたきの模範を示します。
②子どもたちは前の子どもの肩を柔らかくたたき始めます。
③次に「回れ右」で交代してたたきます。
④次は指導者が模範を示し、腕をマッサージするようにさすります。
⑤そして回れ右してまた交代。
※時間あれば背中や頭へのタッチあるいは手もみも効果的です。

「高い！ 低い！」〜青年たちのスタートゲームに最適〜
2人から何人でも

はじめに指導者は「私と同じ声、同じ動作をしてください」とコール

します。「さぁ、できるでしょうか？」と一言添えると効果的です。
①指導者は「高い！」と声を出しながら両手を上にあげます。参加者も同じ台詞を言いながら同じアクションをします（以下の場合も同様）。
②次に指導者は身体の前で両手を下げて「低い！」とアクションします。
③そして、「せまい！」と言って胸の前で手の幅を小さくします。
④最後に「広い！」と言って両手を広げます。
⑤この動作を一巡させたら、次にやや早いスピードで繰り返します。
⑥これからがいよいよゲームの始まりです。参加者に「私の声と動作の逆をやってください！」と指示します。
⑦指導者が「高い！」と言って両手を上げてアクションすると参加者は「低い！」と言って両手を下げます。
⑧すかさず「せまい！」と次々に指導者はコールします。
⑨このバージョンをひとしきりやったら、次は2段技に挑戦です。指導者が「低い！低い！」と言うと、参加者は「高い！高い！」と両手を上げます。
※3段技ぐらいまでが丁度いいゲームです。

「後出しじゃんけん」〜誰でもできる！ 簡単なゲーム！〜
2人から何人でも

対戦は指導者と個々の参加者です。
①指導者は「これから世界一簡単なじゃんけんを始めます！」と宣言します。
②「私が"じゃんけん、ぽん"と言ったら"ぽん"と同じもの（あいこ）を出してください！」と説明します。
③普段のじゃんけんになれているので意外と間違えてしまいます。間違えた参加者がいたら「あれ！」とすっとんきょうな声を出すと笑いを誘います。
④次に指導者は「勝ってください！」とやります。

⑤最後のクライマックスは「負けてください！」とやります。ここで全員が立って「あいこ」か、「勝ったら」座るという勝ち抜き戦をやると盛り上がります。

● 導入から離陸するときのゲーム
シューマイジャンケン
2人から100人まで

①まずはじめに参加者に「シューマイは３種類あります！」と言い、「まずはイカ！」と言って両手で頭の上に三角をつくりアクションします。次に「タコ！」と言ってタコアクションをつくります。３つ目は「エビ！」と言って参加者に対して横に向き両手を上にあげ、エビ型体型をアクションします。
②その後参加者に「同じアクションになったら負けです」と説明します。
③ここからがゲームの始まりです。
④指導者は、かしこまってやや真面目に「シューマイじゃんけん、お願いします！」と参加者に頭を下げます。
⑤次に、やや間をおいて元気よく「シューマイ、シューマイ！」とコールしながら両手人差し指を空に向けて２回上下させ、
⑥次に「じゃんけん」と言い、右足を左足に巻き、両手人差し指を腰下で交差させます。
※指導者のかしこまった一礼とアクションしながらのコールのギャップ（演技力）が参加者をのせるスパイスです。
⑦これを２回繰り返した後、イカかタコかエビのアクションを示します。同じアクションになったら負けです。
⑧これを繰り返します。
※このゲームの応用編は、指導者側（アクションする側）を２人にしたりするとさらに難度が増して盛り上がります。

キャッチゲーム
2人から何人でも

とても便利かつ海外でも通用するグローバルなゲームです。

① まず2人組を作ります。奇数の場合は3人組でもOKです。
② 1人は親指と人差し指を伸ばし、後の指はにぎります。そうするとはさみの形ができます。
③ もう1人は、そのはさみに自分の人差し指を第2間接まで入れます。
④ 指導者は「キャッチ」と言ったらはさみの人は指を捕まえてください。人差し指を入れている人は逃げてください、と説明します。
⑤ 次の指導者のコールが"みそ"です。カラスのように「キャ・キャ・キャ……」と連呼して「キャ……メラ」と言います。これで捕まえても逃げてもいけません。この次もまた「キャ・キャ・キャ……」と連呼し「キャッチ」以外の「キャ」のつく言葉を言います。
※「キャ・キャ・キャ……」次にただ「キャァー」と叫ぶと盛り上がります。
⑥ 「キャッチ」と言った時にはさみに捕まった人は交代と言いましょう。
※ あまり長くやり過ぎないのがコツです。

| Column | 「つかみ」は手の平で |

「つかみ！」と言われても芸人でもないしできない！と思わないでください。ちょっとしたボディテクニックがあります。それは手の平を使うことです。手の平を見せることは「私はあなたに心を開いています」というサインになります。腕をまっすぐに上げ「手の平」を見せて大きな声であいさつしましょう。これだけでぐっと参加者の心を捉えることが可能です。レッツ、チャレンジ！

⑤「展開」ゲームのノウハウ

さて、いよいよ参加者のエンジンがかかりました。ここから集団を巻き込むゲームを展開していきます。ここでもシンプルなゲームからはじめるのが基本です。例えば、「ナンバーコール」から入り「集合ゲーム」へ展開するのも一つのパターンです。ここでは何本もゲームを積み重ねるより、一つのゲームをいろいろなバリエーションで変化させていくことがコツです。

●ゲームの基本！「集合ゲーム」

集合ゲームはとてもポピュラーなゲームです。指導者の実力がつけば400人程度でもこのゲームは可能です。下記のバリエーションにあるように簡単な課題からスタートしていくのが基本です。この集合ゲームのコツは、3つのスパイス（次頁 Column 参照）です。スパイスを効かせレクリエーションゲームのダイナミックな展開を指導しましょう。

■集合ゲーム
■8人から何人でも

①指導者は「これからみなさんにあるテーマで集合していただきたいと思います」と言います。
②ここでいきなり「好きな季節で集合してください」と言ってはいけません。参加者の何人かに「好きな季節は？」と問い掛けます。
③その後に、指導者は「人それぞれに好きな季節があります。それではこの後、好きな季節に集合していただきたいと思います」と言います。
④そして「時間制限があります」と言い、参加者の対象年齢や人数などの状況に応じて「49秒」とか「37秒」でと条件をつけます。
※時間制限は人間の習性上、微妙な秒数を言ったほうがゲームは盛り上がります。

⑤次に指導者は「もし、集まれなかったらバツゲームがあります！」と宣言し、そのバツゲームを示します。ここまでがランディング。
⑥ここではじめて「それでは好きな季節で集まれ！」とコールします。
※この後、バリエーションを変えたりして楽しみます。

▶集合ゲームのバリエーション

好きな季節・血液型→誕生月→ルール付きで好きな食べ物・スポーツ

▶ルール例

喋ってはいけない！

Column　筆者・北見流ゲームの3つのスパイス！　時間！ルール！バツゲーム

集合ゲームなどの展開型のゲームには指導に3つのコツがあります。①「時間」：必ず「何秒以内」という条件をつけます。その場合に「37秒」とか「49秒」などの微妙な数字にすると参加者のモチベーションが上がります。②「バツゲーム」：もちろん実際には「バツゲーム」はしません。このことがあれば乗り切れない子どもたちを一気に乗せることが可能になります。③「喋らないルール」：集合ゲームはどちらかというと元気のある参加者が目立つゲームです。そこで「喋らないルール」を入れることで目立たなかった子どもたちに脚光をあてることが可能になります。

●展開ゲームのいろいろ（個人→2人→グループへ）

ナンバーコール
8人から何人でも

①まずは指導者の指示で参加者は拍手を1回、次に2回、3回積み重ねていく練習をします。その際に指導者は「その数」を声に出してコー

ルしません。
②バツゲームを想定する場合はここで示しましょう。
③さて、ゲームの始まりです。何回か積み重ねて、頃合を見て指導者は「ストップ」と言います。参加者はその時ストップした拍手の数で集まります。例えば、8回目の拍手で「ストップ」したら8人で集まります。
※はじめだけは指導者が「8！」とコールするとスムーズにゲームが進行します。
④このゲームは集まるところにおもしろみがあるゲームなので、バツゲームはなしでも OK です。
※このゲームの後に集合ゲームを展開すると効果的です。

木とリス
10人から100人まで

このゲームは10人以上の偶数の時にできるゲームです。
①まずは3名のグループをつくり、2人はリスの家である木になります。2人で両手の平を合わせてブリッジをつくる形になります。1人はリスになり、そのブリッジの下にしゃがみます。
②この次に、説明のために予行演習をしましょう！　指導者が「きこりが来たぞ！」とコールしたら家役の2人は他のリスのところで家をつくらなければなりません。
③「おおかみが来たぞ！」とコールされたら今度は、リスは他の家に移動しなければなりません。
④最後に「嵐が来たぞ！」というコールがきたら全員が役割もシャフルされ、新しい3名と新しい役割でリスとその家をつくります。
⑤このゲームでは余ってしまった人が次のコールを言います。

動詞ジェスチャーゲーム
10人から100人まで

とても楽しく和やかなゲームです。高学年以上向けです。
①指導者は動詞ばかり記入したカード（カード例「叫ぶ」「泣く」「笑う」などＡ４横サイズ）を作成します。
②各グループではジェスチャーをするパフォーマー（3人程度）決めておきます。
※パフォーマーは喋ってはいけません。
③指導者は動詞カードをパフォーマーだけにしか見せません（この時グループ以外の人もカードを見られると楽しめます）。
④「スタート」でゲームが始まります。
⑤カードを見たパフォーマーはジャエスチャーで動詞を体で表現し、グループのメンバーはそれをあてます。
※時間は２分前後がベストです。
⑥もちろん難しい場合は「パス」もありです。

⑥「つながり」ゲームのノウハウ

　さて、いよいよレクリエーションも最終コーナーです。ここで重要なテーマは「チームビルディング（＝つながり）」です。ゲームの中心は下記にあるような課題解決型ゲームになります。

　手順としては、まずは各グループが課題解決型ゲームを行い、次に全グループ（全員）が課題解決型のゲームにチャレンジします。

　こうすることでその場にいる全員が「つながり」を確認できる展開が可能になります。

● 「つながり確認！」ゲーム

電信ゲーム（インスパイヤーゲーム）
■ 8人から150人前後 1グループは最低4人以上で

①まずはグループに分かれ、手をつないで丸くなります。

※人数が少ないとできないゲームです。

② 各グループでリーダーを決め、指導者の「レディ、ゴー」の合図でリーダーは、右隣の人の左手を握ります。握られたメンバーはその瞬間に右隣の人の左手を握ります。これを一周させます。

③そして最後にリーダーは左隣の人に左手を握られたら「来た！」とコールし、ここがゴールです。そのタイムを測り各グループで対抗します。

※コツは5分間ぐらい練習し、中間報告会をして、もう3分練習して本番の決戦大会をやるとチームビルディングに効果的です。

▶全員の「つながり」をつくる応用編

　全グループの最高タイムの合計あるいは0.5秒前後1秒を足して全員でトライ！　その場の状況に応じて秒は調整します。

いっせいのせ
■ 16人から200人前後

①まず指導者は、参加者の1人と体育座りをして向かい合います。つまさきを合わせます。

②そして「ルールは両手が誰かの手とつながっていること、そして足が誰かの足とくっついていること」と言い、「いっせいのせ」で両手を支えに立ち上がります。

③参加者は2人組をつくりチャレンジします。

④次に3人組でチャレンジします。

⑤次に4人組でチャレンジする時に、指導者は「やや難しくなってきます。倒れて頭をぶつけないように注意するように」と一言添えます。

ここで立ち上がれないグループが増えてきます。

⑥そして5人組でやる時にルールを再度確認します。そして「何かにこだわってはいけません、はじめの2人の時を思い出してください」とサジェスチョンし、再度チャレンジさせますが、始める前に「作戦タイムをとってからスタートしてください！」と指示します。この一言で各グループが工夫を始めます。

※ここで作戦タイムを入れることでチームビルディングが促進されます。腕の組み方などの工夫が始まります

⑦さらに次のチャレンジですが、指導者は「さてみなさん！　次にここにいるみなさん全員でつながりましょう！　必ずできます」と指示します。さらに「作戦タイムをとり、みなさんで考えることを忘れないでください！」と付け加えてスタートさせます。

⑧途中、参加者の流れや工夫が止まりそうであったら「はじまりの2人でやった感覚を思い出してください」等のアドバイスをします。

⑨全員でできたら、みんなでハイタッチしましょう！

※筆者の経験では、高校生1年生の学年全員200名で成功したことがあります。

何人乗れるか？
10人から100人まで

※人数に応じて支援者が数人必要です。

①レジャーシートまたは小さいサイズのブルーシートを用意します。

②まずは、シートを人数に応じた大きさにして、全員が簡単に乗れるスペースに広げます。

③ルールを参加者に説明します。「シートからはみだしたり、シートの外に足をつけたりしたらアウトです。足がはみだしたり、シートの外に足がでない状態で10秒がまんすればOKです」

④「それでは用意はじめ」で各グループがスタートします。各グループ

についた支援者が全員乗ったらカウントをします。10秒OKでしたら大きな声で「合格！」とコールしましょう。

⑤徐々にシートを小さくしていきます。ここでも難度が上がる度に作戦会議を指示しましょう。

※とても無理な大きさは危険が増します。注意しましょう。

> Column **作戦タイムでチームビルディング**
>
> 　課題解決型ゲームのコツは、「作戦タイム」を入れることです。この時間はチームビルディングを促進させる効果があります。ゲームばかりでなくオリエンテーリングや野外炊事など、様々な場面で「作戦タイム」を導入するとチームを活性化させることができます。

⑦レクリエーションと安全管理

　レクリエーションにおいても安全管理は重要です。まずはゲーム前に体調チェックをすることは必要不可欠ですし、革靴やスカートなど不適切な服装は事故や怪我のもとになります。さらに、屋外でゲームを実施する場合は路面状況、気象状況、参加メンバーの疲労度に配慮した活動が必要です。

　また、「いっせいのせ」「何人乗れるか？」など、比較的動きが多いゲームには支援者を準備し、危険防止のフォローをする必要があります。さらに、1時間にわたるような場合には休憩や水分補給を忘れないようにしましょう。

| 文 ▶ | **北見靖直** | 国立青少年教育振興機構指導主幹 |

参考文献　▶『みんなのPA系ゲーム243』
　　　　　　諸澄敏之、プロジェクトアドベンチャージャパン、杏林書院（2005年）

3章 PART 2 社会体験活動と指導法

■[1] 奉仕体験活動

①「奉仕体験活動」＝「ボランティア活動」か？

　体験活動の領域は広く、自然体験はもとより生産、販売、サービス等、社会で行われている様々な活動領域に及びます。その中でも「奉仕体験活動」は、大きな学習性をもった活動と言えます。
　では、なぜ「ボランティア体験活動」とは言わないのでしょうか。それはボランティアの３原則（自主性・無償制・公共性）に照らし、学校の「奉仕」の授業や活動がプログラムに組み込まれている場合には、この３原則の一つである「自主性」が該当しないという指摘があるからでしょう。しかし、このような言葉の違いはありますが「奉仕体験活動」は、「ボランティア活動」を学習する活動、言い換えればボランティア活動へのきっかけづくりになるものです。

②「良い体験」「良い仲間」が体験の質を高める

　それではこの体験活動の本質は何でしょうか。第一には、「体験の質」です。簡単に言えば「良い体験」ができたどうか。「良い体験」とは一言で言えば「役に立てた！」という実感がもてた体験です。この第一印象が参加者にとっては事後にボランティア活動につながるかどうかの分かれ目になると言っても過言ではありません。第二には、体験そのものも重要ですが、体験活動を１人でするのか？　グループで体験するの

か？ といった学習形態も重要になります。状況にもよりますが４名から５名のグループ、最小でも２人のバディで活動するのが最適です。このことで活動中に互いに支え合ったり、活動後、感じたことを共有したりする相互学習が可能になり、「体験の質」を深めることができます。この２点が「奉仕体験活動」の質を高める大きな要素になります。

③準備が大切！

人は誰でも「人の役に立ちたい」という意識をもっていると言われています。ですから「奉仕体験活動」の中で「役に立った」と実感できる活動をプログラムにすることが重要です。

そのために必要なことの第一は「適正人数」です。受け入れ先やフィールドの状況、ワーク（活動）、道具等に応じて必然的に適正人数は決まってきます。これを大幅に超えたプログラムは、参加者の不満足感を与えると同時に、時には安全管理にも支障が出るケースもあります。

第二は「参加者にあった活動か？」どうかです。ボランティア活動のレベルにも色々あります。活動の中には非常に高度かつ危険な作業も存在します。そのような中で参加者のレベルに適応し、活動時間内で十分にできるワークであるかを考慮する必要があります。活動参加者の成就感や達成感を感じるかどうかは、体験活動の中で重要な要素です。そのことが感じられる活動をプログラムするのが大切です。

第三には「学習」がプログラムされているか、です。そもそもこの活動はなぜ、必要なのか？ そしてその問題の背景を考えたり、ディスカッションできる場を設けたりすることが、モチベーションを上げ充実した体験活動とするための大きなポイントになります。

④必ずオリエンテーションを！

「奉仕体験活動」においても活動前に十分なオリエンテーションをする必要があります。オリエンテーションでの必要な項目は、①活動の必

要性、②グルーピング、③リーダー等の役割分担、④作業内容と時間配分、⑤作業時の心構えと注意事項、⑥安全指導です。

　ここで特に重要なことは「この活動は何のために行うのか」という意図を十分に伝えておく必要があります。そして次に大切なことは活動の「心構え」です。対自然あるいは対人の違いはあってもそこにはマナーやルールは必ずあります。また、「笑顔が一番のボランティア」等の活動のアドバイスも適切に入れることで参加者の不安を期待や喜びに変えることにつながります。

　最後に、重要なことはチームづくりです。「奉仕体験活動」を楽しくかつ有意義に展開するコツは「チームづくり」にあります。具体的には適切な役割分担と目標を与えること、そして活動前にチームミーティングを行い、活動の目標を全員で共有することです。

⑤活動中に必要なこと！

　奉仕体験活動中の指導で必要なことが三点あります。

　一つ目は、奉仕体験活動では受入先の事情等で急に作業が変更になったり、最悪は中止になったりする場合があります。指導者は受入先等のコーディネーターと連携し、活動を臨機応変にコーディネートしていく必要があります。

　二つ目は安全管理です。重要な点は活動が「流れに」乗っているかどうかをその都度確認することが大切です。「流れ」とは、チームワーク良く活動を円滑に進めているかどうかを確認する必要があります。チームワークが機能していなかったり、自分勝手な活動だったりしている時に事故や怪我が生じます。その場合は活動途中であってもミーティングを再度開き、安全確認や活動行程を見直す必要があります。また、マナーやルールが守られているかも重要なチェック事項です。

　三つ目は、指導者も「いっしょに」活動をすることです。それによって参加者の変容や素晴らしいシーンを見いだすことができて、活動後の

フィードバックも可能になります。また何よりも共に汗を流すことによって指導者と参加者の信頼関係が構築されます。このことが「奉仕体験活動」中で忘れてはならない指導者の心構えになります。

奉仕体験活動プログラムの基本的パターン
活動前▶オリエンテーション、グループミーティング
活　動▶体験活動
活動後▶【現場】閉会のあいさつ【施設】グループミーティング／指導者からフィードバック
※閉会のあいさつは必ず日々行う

⑥フィードバックを大切に

　「奉仕体験活動」プログラムの基本は「ミーティングに始まり、ミーティングに終わる」です。特に重要なのがこの終わりのミーティングです。終わりのミーティングには２種類あります。活動先でのミーティングと戻ってから仲間で行うミーティングです。この２回のミーティングができると体験活動の効果は上がります。

　活動先のミーティングのポイントは、①成果確認、②体調チェック、③感謝、の３点になります。成果確認では、受入先のコーディネーターや指導者からコメントをいただきます。また、清掃活動等の場合は、全体のゴミの重さや作業面積を計測し全体で発表します。ここが達成感を確認する重要な場になります。次に参加者の怪我や体調のチェックを行い、さらに参加者から受入先や指導者へのお礼を述べたり、活動の感想を発表したりします。受入先も体験活動を受け入れるのに時間と人を割いています。それに対する謝意は忘れないでください。そしてミーティングの最後には、全体の集合写真を撮りましょう。まさに達成感いっぱいの素晴らしいショットが撮れるでしょう。

　次に仲間とのミーティングでは、互いの感想を共有することが目的です。まずはグループで、そして最後に全員でグループの話題を共有します。その後に、指導者が活動のフィードバックを行います。参加者の動

き、さまざまなシーン、受入先の感想や参加者ひとり一人の変容等を伝えます。このフィードバックが指導者として重要な部分になります。参加者がこの体験を通じて成長し、事後の活動につながるようフィードバックを行うことが肝要です。なぜなら参加者は、フィードバックを通じて自分自身の変容や成長に気付くからです。

⑦危険度の高い奉仕体験活動

　「奉仕体験活動」が非常に危険な活動が伴うことは、自然体験活動と同様です。森林作業等の体験活動になった場合は、高いレベルの危険が想定されます。まず安全管理の基本原則は、ボランティア保険等への加入です。ちなみに保険で重要な点は、本人の補償も重要ですがそれ以上に損害賠償です。奉仕体験活動では、受入先の利用者を誤って傷つけたり、物損も想定されます。それを踏まえて保険を選択してください。次に重要なのは、参加者の服装と安全装備です。森林作業や高所作業では、ヘルメットの着用は必須です。または酪農体験活動の場合は靴の履き替えの必要があります。さらに気象状況等も勘案し実施可否を判断する必要も生じてきます。雨天プログラムを準備しておくことも忘れてはいけません。

Column　「ハッとするって」心が広がる音なんだ！

　これは、ある合宿型ボランティア活動（ワークキャンプ）に参加した若者の言葉です。このワークキャンプの魅力は早寝早起き3食自炊の共同生活と地域でのボランティア活動が両輪であることです。まさに共同生活する「仲間」がボランティア活動に取り組むのです。仲間との支え合い、語り合い、そして地域の人々との出会いが若者たちを大きく変えていきます。

［2］職場体験活動

①職場体験活動とは？

　「職場体験活動」と言うと、中・高等学校での「職場体験」、大学生の「インターシップ」があります。ここでは学校教育の一環として行う「職場体験活動」に限らず、青少年教育施設で広く行われる「職場体験活動」を中心に紹介をします。具体的には農作業体験、林業、酪農など自然や動植物とかかわれる体験活動です。

　「職場体験活動」の魅力は何でしょうか？　それは「本物との出会い」と言えます。地域に根ざして農林業に携わる人々、お客様の喜んだ顔を見たくて日々研鑽し誇りをもって仕事に打ち込み続ける人々。このような人々の後ろ姿に触れることが「職場体験活動」の魅力です。「本物との出会い」ができる地域は、教育資源の宝庫と言っても過言ではありません。このような人との出会いは、若者を劇的に変容させる大きな力をもっています。「職場体験活動」は、青少年と「本物」が出会う素晴らしい体験活動プログラムです。

②活動先を探す前にしたいこと

　このプログラムを効果的に運営するには、まずは受入先を探すことから始めます。施設職員の重要な仕事は、地域の教育資源をどう引き出すかにあると言っても過言ではなく、本物探しのためには教育委員会の社会教育課、社会福祉協議会、農協、漁協といった地域の人々や団体と密接に関係した仕事をしている方々からの取材が早道です。地元新聞の記者に話を聞いてみるのもキーパーソンをつかむ良い方法です。さらに重要なのは紹介していただくと同時に、実際にその方々と会って人間的魅力を確かめることが大切です。

　職場体験活動プログラムで大切なことは、奉仕体験活動プログラムと

職場体験活動のフローチャート

① 受入先との事前打合わせ
- ▶どのポイントを体験することが効果的か？
- ▶適正人数は何人か？
- ▶活動中の注意事項（服装等）

② 活動に応じてバディあるいはグループを組む

③ 事前ミーティング（活動の目的、マナー、ルール、安全についての注意）

④ 職場体験活動
- ▶活動のスタートは挨拶から
- ▶活動中はルールとマナーの徹底を
- ▶個々の活動が終了したら他のメンバーのフォローを優先
- ▶活動終了時には道具の片付け、活動場所の清掃までしっかりと

⑤ 職場でのクロージングミーティング

⑥ 仲間内でのフィードバックミーティング
（上記に受入先の方の夢や志を聞くプログラムを取り入る）

同様に相手の仕事の時間に合わせての活動です。例えば乗馬センターでは、朝6時から馬への餌やりが始まります。ここでの職場体験活動は、この時間から体験活動をスタートする必要があります。なぜならそこを逃しては本物の職場体験活動にならないからです。

　職場体験プログラムで重要なのは、職場そのものが学習の場であることです。そのために、3日間は継続して現場で体験するプログラムが必要でしょう。受入先のみなさんとのコミュニケーションが深くなり仕事にも慣れて、その現場に多少なりとも貢献できるからです。時間の経過の中で初めは見えなかった働く人々の熟練の技や動きが見え、お茶の時間等に深いつぶやきを聞いたりできるようになるからです。

　3日間の間に様々な場所や作業を巡回するプログラムもありますが、そのようなプログラムでは表面しか見えず、本物と出会う体験ができずに終わってしまうケースが多いのではないでしょうか。

　職場体験プログラムの手順は、オリエンテーション→活動→現場での

終わりのミーティング→施設でのミーティングとなるのが理想です。職場体験活動プログラムでは、受入先の方の話を聞く等をプログラムに取り入れると有効です。受入先の方の信念、価値観といった本質の部分は、作業の現場だけでは見えてこないものです。参加者にそれを伝えていただくことで、職場体験活動が一層有意義なものになるのです。

③職場体験活動で重要な心構え

　職場体験活動を実施する時に重要な二つの心構えがあります。一つ目は、受入先に貢献できる活動を成立させること。なぜならば参加者を職場に受け入れるのは職場にとって非常に大変な事だからです。職場体験のために通常の仕事を中断し、かなりの準備をして受け入れをしている場合がほとんどです。ですから、受入先の方たちが受け入れて良かったと思える活動を成立させることが何よりも重要なのです。そのためには、作業を中途半端にするような甘えは許されません。多少厳しくても与えられた仕事をやり遂げることで、初めての参加者はその仕事を実感として理解することができるのです。ここに体験を学びに発展させる大切なポイントがあります。二つ目は、受入先の方にどこまで近づくかということです。職場体験では、受入先の方々との信頼関係を構築するのが大切です。そのためにも担当者は、プログラム実施前に受入先に出向いて、実際に自ら汗を流して体験するのが重要になります。また、体験活動プログラムを向上させるためには、できるだけ継続するのが肝要です。受入先との信頼関係が高まれば高まるほど、大切な仕事を体験させてくれるものです。まさに「継続は力なり」と言えます。

④職場体験活動と安全管理

　職場体験活動の安全管理上、特に服装に十分に注意を払うことが必要です。農林業等の作業の場合は、たとえ受入先の方が半袖であっても参加者が半袖であって良いというわけではありません。受入先の方の服装

は、長年の熟練や経験上のものです。作業するフィールドには、注意を要する草木や害虫も多いと思いますので、体験活動に参加する人は長袖などしっかりとした服装で望みましょう。

> Column | 酪農家の涙
>
> 親子三代で酪農を営むKさん。不登校・ひきこもりの青年の自立支援事業の受け入れをお願いに伺った日のことです。「何とか5日間、受け入れをしていただけませんか？」「5日！そんなの無理だよ。俺たちは遊んでいるんじゃないんだ。一日一日がどんなに大変か分かるか！」と大きな声で怒鳴られてしまったのです。しかし、Kさんは最終的には「3日なら、なんとかできるよ」と受け入れてくれました。参加者たちは酪農の中のつらい作業も黙々とこなしていきます。そんな彼らのまじめさに胸を打たれたKさんは、忙しい中、私たちための最善の仕事をわざわざ残してくれるようになりました。最終日にKさんは涙ながらにこう言います。「人間は一人で生まれてはこられない、死ぬ時だって誰かのお世話になる。人と人が支え合う大切さを感じてほしかった」「失敗していいんだ。俺だって失敗して牛を死なせてしまったことだってある」。この言葉は参加者たちの心にストレートに響きます。地域に根ざす本物の人、そんな人に出会った時に参加者たちは変貌していくのです。まさに本物との出会いは、若者を変える力があるんですね。

文▶ **北見靖直** ｜国立青少年教育振興機構指導主幹

参考文献　▶『ワークキャンプ：ボランティアの源流：知る・考える・行動する』
　　　　　　西尾雄志、早稲田大学平山郁夫記念ボランティアセンター(2010年)
　　　　▶『2006全国ワークキャンプセミナー実行委員会』(編集)
　　　　▶『2006全国ワークキャンプセミナー報告書若者の力が社会を変える』
　　　　　　国立中央青少年交流の家(2007年)
　　　　▶『NPO法人good！10周年記念文集』NPO法人good！(2010年)

[巻末参考資料]

青少年の体験活動に関する法令上の規定

【学校教育法】

第21条 義務教育として行われる普通教育は、教育基本法（平成18年法律第120号）第5条第2項に規定する目的を実現するため、次に掲げる目標を達成するよう行われるものとする。

一 学校内外における社会的活動を促進し、自主、自律及び協同の精神、規範意識、公正な判断力並びに公共の精神に基づき主体的に社会の形成に参画し、その発展に寄与する態度を養うこと。

二 学校内外における自然体験活動を促進し、生命及び自然を尊重する精神並びに環境の保全に寄与する態度を養うこと。

三～十（略）

第31条 小学校においては、前条第1項の規定による目標の達成に資するよう、教育指導を行うに当たり、児童の体験的な学習活動、特にボランティア活動など社会奉仕体験活動、自然体験活動その他の体験活動の充実に努めるものとする。この場合において、社会教育関係団体その他の関係団体及び関係機関との連携に十分配慮しなければならない。

※中学校、高等学校、中等教育学校、特別支援学校にも準用

【社会教育法】

（国及び地方公共団体の任務）

第3条 国及び地方公共団体は、この法律及び他の法令の定めるところにより、社会教育の奨励に必要な施設の設置及び運営、集会の開催、資料の作製、頒布その他の方法により、すべての国民があらゆる機会、あらゆる場所を利用して、自ら実際生活に即する文化的教養を高め得るような環境を醸成するように努めなければならない。

2 国及び地方公共団体は、前項の任務を行うに当たつては、国民の学習に対する多様な需要を踏まえ、これに適切に対応するために必要な学習の機会の提供及びその奨励を行うことにより、生涯学習の振興に寄与することとなるよう努めるものとする。

3 国及び地方公共団体は、第1項の任務を行うに当たつては、社会教育が学校教育及び家庭教育との密接な関連性を有することにかんがみ、学校教育との連携の確保に努め、及び家庭教育の向上に資することとなるよう必要な配慮をするとともに、学校、家庭及び地域住民その他の関係者相互間の連携及び協力の促進に資することとなるよう努めるものとする。

（市町村の教育委員会の事務）

第5条 市（特別区を含む。以下同じ。）町村の教育委員会は、社会教育に関し、

当該地方の必要に応じ、予算の範囲内において、次の事務を行う。
一～十三　（略）
十四　青少年に対しボランティア活動など社会奉仕体験活動、自然体験活動その他の体験活動の機会を提供する事業の実施及びその奨励に関すること。
十五～十九　（略）

【小学校学習指導要領】

第1章　総則
　第1　教育課程編成の一般方針
　　2．（略）道徳教育を進めるに当たっては、教師と児童及び児童相互の人間関係を深めるとともに、児童が自己の生き方についての考えを深め、家庭や地域社会との連携を図りながら、集団宿泊活動やボランティア活動、自然体験活動などの豊かな体験を通して児童の内面に根ざした道徳性の育成が図られるよう配慮しなければならない。その際、特に児童が基本的な生活習慣、社会生活上のきまりを身に付け、善悪を判断し、人間としてはならないことをしないようにすることなどに配慮しなければならない。

第3章　道徳
　第1　目標
　　　道徳教育の目標は、第1章総則の第1の2に示すところにより、学校の教育活動全体を通じて、道徳的な心情、判断力、実践意欲と態度などの道徳性を養うこととする。
　　　道徳の時間においては、以上の道徳教育の目標に基づき、各教科、外国語活動、総合的な学習の時間及び特別活動における道徳教育と密接な関連を図りながら、計画的、発展的な指導によってこれを補充、深化、統合し、道徳的価値の自覚及び自己の生き方についての考えを深め、道徳的実践力を育成するものとする。
　第3　指導計画の作成と内容の取扱い
　　3．道徳の時間における指導に当たっては、次の事項に配慮するものとする。
　　　　（2）集団宿泊活動やボランティア活動、自然体験活動などの体験活動を生かすなど、児童の発達の段階や特性等を考慮した創意工夫ある指導を行うこと。

第5章　総合的な学習の時間
　第1　目標
　　　横断的・総合的な学習や探究的な学習を通して、自ら課題を見付け、自ら学び、自ら考え、主体的に判断し、よりよく問題を解決する資質や能力を育成するとともに、学び方やものの考え方を身に付け、問題の解決や探

究活動に主体的、創造的、協同的に取り組む態度を育て、自己の生き方を考えることができるようにする。
第3　指導計画の作成と内容の取扱い
2．第2の内容の取扱いについては、次の事項に配慮するものとする。
（3）自然体験やボランティア活動などの社会体験、ものづくり、生産活動などの体験活動、観察・実験、見学や調査、発表や討論などの学習活動を積極的に取り入れること。
（4）体験活動については、第1の目標並びに第2の各学校において定める目標及び内容を踏まえ、問題の解決や探究活動の過程に適切に位置付けること。
（5）グループ学習や異年齢集団による学習などの多様な学習形態、地域の人々の協力も得つつ全教師が一体となって指導に当たるなどの指導体制について工夫を行うこと。
（6）学校図書館の活用、他の学校との連携、公民館、図書館、博物館等の社会教育施設や社会教育関係団体等の各種団体との連携、地域の教材や学習環境の積極的な活用などの工夫を行うこと。

第6章　特別活動
第1　目標
　　望ましい集団活動を通して、心身の調和のとれた発達と個性の伸長を図り、集団の一員としてよりよい生活や人間関係を築こうとする自主的、実践的な態度を育てるとともに、自己の生き方についての考えを深め、自己を生かす能力を養う。
第2　各活動・学校行事の目標及び内容
　［学校行事］
　2．内容
（4）遠足・集団宿泊的行事
　　自然の中での集団宿泊活動などの平素と異なる生活環境にあって、見聞を広め、自然や文化などに親しむとともに、人間関係などの集団生活の在り方や公衆道徳などについての望ましい体験を積むことができるような活動を行うこと。
（5）勤労生産・奉仕的行事
　　勤労の尊さや生産の喜びを体得するとともに、ボランティア活動などの社会奉仕の精神を養う体験が得られるような活動を行うこと。
第3　指導計画の作成と内容の取扱い
2．第2の内容の取扱いについては、次の事項に配慮するものとする。
（4）［学校行事］については、学校や地域及び児童の実態に応じて、

各種類ごとに、行事及びその内容を重点化するとともに、行事間の関連や統合を図るなど精選して実施すること。また、実施に当たっては、異年齢集団による交流、幼児、高齢者、障害のある人々などとの触れ合い、自然体験や社会体験などの体験活動を充実するとともに、体験活動を通して気付いたことなどを振り返り、まとめたり、発表し合ったりするなどの活動を充実するよう工夫すること。

【中学校学習指導要領】

第1章 総則
　第1．教育課程編成の一般方針
　　2．（略）道徳教育を進めるに当たっては、教師と生徒及び生徒相互の人間関係を深めるとともに、生徒が道徳的価値に基づいた人間としての生き方についての自覚を深め、家庭や地域社会との連携を図りながら、職場体験活動やボランティア活動、自然体験活動などの豊かな体験を通して生徒の内面に根ざした道徳性の育成が図られるよう配慮しなければならない。その際、特に生徒が自他の生命を尊重し、規律ある生活ができ、自分の将来を考え、法やきまりの意義の理解を深め、主体的に社会の形成に参画し、国際社会に生きる日本人としての自覚を身に付けるようにすることなどに配慮しなければならない。

第3章 道徳
　第1　目標
　　　道徳教育の目標は、第1章総則の第1の2に示すところにより、学校の教育活動全体を通じて、道徳的な心情、判断力、実践意欲と態度などの道徳性を養うこととする。
　　　道徳の時間においては、以上の道徳教育の目標に基づき、各教科、総合的な学習の時間及び特別活動における道徳教育と密接な関連を図りながら、計画的、発展的な指導によってこれを補充、深化、統合し、道徳的価値及びそれに基づいた人間としての生き方についての自覚を深め、道徳的実践力を育成するものとする。
　第3　指導計画の作成と内容の取扱い
　　3．道徳の時間における指導に当たっては、次の事項に配慮するものとする。
　　　（2）職場体験活動やボランティア活動、自然体験活動などの体験活動を生かすなど、生徒の発達の段階や特性等を考慮した創意工夫ある指導を行うこと。

第4章 総合的な学習の時間
　第1　目標

　　　　横断的・総合的な学習や探究的な学習を通して、自ら課題を見付け、自ら学び、自ら考え、主体的に判断し、よりよく問題を解決する資質や能力を育成するとともに、学び方やものの考え方を身に付け、問題の解決や探究活動に主体的、創造的、協同的に取り組む態度を育て、自己の生き方を考えることができるようにする。
　第3　指導計画の作成と内容の取扱い
　　2．第2の内容の取扱いについては、次の事項に配慮するものとする。
　　　　（3）自然体験や職場体験活動、ボランティア活動などの社会体験、ものづくり、生産活動などの体験活動、観察・実験、見学や調査、発表や討論などの学習活動を積極的に取り入れること。
　　　　（4）体験活動については、第1の目標並びに第2の各学校において定める目標及び内容を踏まえ、問題の解決や探究活動の過程に適切に位置付けること。
　　　　（5）グループ学習や異年齢集団による学習などの多様な学習形態、地域の人々の協力も得つつ全教師が一体となって指導に当たるなどの指導体制について工夫を行うこと。
　　　　（6）学校図書館の活用、他の学校との連携、公民館、図書館、博物館等の社会教育施設や社会教育関係団体等の各種団体との連携、地域の教材や学習環境の積極的な活用などの工夫を行うこと。

第5章　特別活動
　第1　目標
　　　　望ましい集団活動を通して、心身の調和のとれた発達と個性の伸長を図り、集団や社会の一員としてよりよい生活や人間関係を築こうとする自主的、実践的な態度を育てるとともに、人間としての生き方についての自覚を深め、自己を生かす能力を養う。
　第2　各活動・学校行事の目標及び内容
　　［学校行事］
　　2．内容
　　　　（4）旅行・集団宿泊的行事
　　　　　　平素と異なる生活環境にあって、見聞を広め、自然や文化などに親しむとともに、集団生活の在り方や公衆道徳などについての望ましい体験を積むことができるような活動を行うこと。
　　　　（5）勤労生産・奉仕的行事
　　　　　　勤労の尊さや創造することの喜びを体得し、職場体験などの職業や進路にかかわる啓発的な体験が得られるようにするとともに、共に助け合って生きることの喜びを体得し、ボランティア活動などの社会奉

　　　　仕の精神を養う体験が得られるような活動を行うこと。
第3　指導計画の作成と内容の取扱い
　2．第2の内容の取扱いについては、次の事項に配慮するものとする。
　　　（3）［学校行事］については、学校や地域及び生徒の実態に応じて、各種類ごとに、行事及びその内容を重点化するとともに、行事間の関連や統合を図るなど精選して実施すること。また、実施に当たっては、幼児、高齢者、障害のある人々などとの触れ合い、自然体験や社会体験などの体験活動を充実するとともに、体験活動を通して気付いたことなどを振り返り、まとめたり、発表し合ったりするなどの活動を充実するよう工夫すること。

田中 壮一郎（たなか そういちろう）

国立青少年教育振興機構理事長。
1949年香川県生まれ。
東京大学法学部卒業後、文部省に入省、教育助成局教職員課長、学術国際局研究機関課長を経て、香川県教育委員会教育長。
文部科学省スポーツ・青少年局長、生涯学習政策局長、文部科学審議官を経て、2008年4月から現職。
2006年に制定された教育基本法の改正に尽力し、「早寝早起き朝ごはん」運動の立ち上げ時の行政責任者でもある。
現「早寝早起き朝ごはん」全国協議会副会長。
主な著書として、田中壮一郎（監修）『逐条解説 改正教育基本法』（第一法規株式会社／2007年）など多数。

体験の風をおこそう1　改訂版
体験活動の企画と展開

2012年 8月 5日　初版第1刷発行
2015年 2月 1日　改訂版第1刷発行
2016年12月10日　第2刷発行

編　著	田中 壮一郎	
編　集	結城 光夫	
	（国立青少年教育振興機構）	
発 行 者	佐藤 裕介	
発 行 所	株式会社 悠光堂	

〒104-0045 東京都中央区築地6-4-5
シティスクエア築地1103
TEL：03-6264-0523
FAX：03-6264-0524

印 刷 所　株式会社 シナノ
編集協力　佐藤 杏子（株式会社 Ann Books.）
デザイン　吉原 敏文（デザイン軒）

ISBN 978-4-906873-40-1 C0037

乱丁・落丁本は小社負担にてお取り替えいたします。
無断転載・複製を禁ず